Prolegômenos a qualquer metafísica futura
que possa apresentar-se como ciência

Immanuel Kant

Prolegômenos a qualquer metafísica futura que possa apresentar-se como ciência

TRADUÇÃO
José Oscar de Almeida Marques

a partir do texto estabelecido por Karl Vorländer

2ª edição

Prolegomena zu einer jeden künftigen Metaphysik, die als Wissenschaft wird auftreten können
© Editora Estação Liberdade, 2014, para esta tradução

Preparação	Daniel Bonomo
Revisão	Fábio Fujita e Vivian Miwa Matsushita
Projeto gráfico e composição	Fábio Bonillo
Capa	Isabel Carballo
Editores	Angel Bojadsen e Edilberto F. Verza

CIP-BRASIL. CATALOGAÇÃO NA PUBLICAÇÃO
SINDICATO NACIONAL DOS EDITORES DE LIVROS, RJ

K25p

Kant, Immanuel, 1724-1804
  Prolegômenos a qualquer metafísica futura que possa apresentar-se como ciência / Immanuel Kant ; tradução José Oscar de Almeida Marques. - São Paulo : Estação Liberdade, 2014.
  176 p. : il. ; 21 cm.

  Tradução de: Prolegomena zu einer jeden künftigen Metaphysik, die als Wissenschaft wird auftreten können

  ISBN 978-85-7448-227-9

  1. Filosofia. 2. Metafísica. 3. Filosofia alemã. I. Título.

14-10938   CDD: 193
                                              CDU: 1(43)

02/04/2014   07/04/2014

Todos os direitos reservados à Editora Estação Liberdade. Nenhuma parte da obra pode ser reproduzida, adaptada, multiplicada ou divulgada de nenhuma forma (em particular por meios de reprografia ou processos digitais) sem autorização expressa da editora, e em virtude da legislação em vigor.

Esta publicação segue as normas do Acordo Ortográfico da Língua Portuguesa, Decreto nº 6.583, de 29 de setembro de 2008.

EDITORA ESTAÇÃO LIBERDADE LTDA.
Rua Dona Elisa, 116 | Barra Funda
01155-030 São Paulo – SP | Tel.: (11) 3660 3180
www.estacaoliberdade.com.br

SUMÁRIO

APRESENTAÇÃO DO TRADUTOR, 9

Prolegômenos

Prefácio
23

Prolegômenos. Retrospectiva do que é peculiar a toda cognição metafísica
33

A questão geral dos Prolegômenos. É afinal possível a metafísica?
43

Prolegômenos. Questão geral. Como é possível uma cognição pela razão pura?
47

Primeira parte da questão transcendental principal. Como é possível a matemática pura?
53

Segunda parte da questão transcendental principal. Como é possível a ciência pura da natureza?
69

Terceira parte da questão transcendental principal.
Como é possível a metafísica em geral?
107

Conclusão. Da determinação das fronteiras da razão pura
133

Solução da questão geral dos Prolegômenos.
Como é possível a metafísica como ciência?
151

Apêndice. Do que pode ser feito para tornar
real a metafísica como ciência
159

APRESENTAÇÃO DO TRADUTOR

Em 1783, dois anos após a conclusão de sua monumental *Crítica da razão pura*, Immanuel Kant ofereceu ao público uma nova obra, muito mais concisa que a precedente, intitulada *Prolegômenos a qualquer metafísica futura que possa apresentar-se como ciência*. Mas a própria existência e as circunstâncias da composição dos *Prolegômenos* conduzem inevitavelmente a uma pergunta: o que teria levado Kant, pouco tempo depois da conclusão do livro cuja redação o ocupara por uma década, a escrever um novo livro que percorria essencialmente os mesmos caminhos do primeiro e respondia às mesmas questões?

O próprio Kant forneceu, em várias passagens dos *Prolegômenos*, as razões pelas quais julgou necessária e oportuna a redação do novo livro. Essas razões foram basicamente de dois tipos. Em primeiro lugar, ele pretendia corrigir o que julgou serem graves mal-entendidos acerca da natureza de sua investigação. Em especial, a resenha crítica publicada em janeiro de 1782 nas *Göttingische gelehrte Anzeigen* pareceu-lhe perigosamente equivocada, a começar pelo parágrafo inicial que classificava sua teoria como "um tipo mais elevado de idealismo".[1] Kant apercebeu-se de que, apesar de todo o esforço despendido para elucidar sua posição, restava ainda muito espaço para a incompreensão de suas ideias centrais. Os *Prolegômenos* inauguram, assim, um processo de revisão do texto da *Crítica*, no qual Kant, de maneira especial, procurou distinguir com muito mais vigor sua posição (idealismo transcendental, ou "formal", como passou a denominá-la) de outros tipos de idealismo, como os de Descartes e Berkeley.

---

1. IV: 373-374 (em toda esta Apresentação, as referências às passagens dos *Prolegômenos* seguem a paginação do vol. IV da edição das obras completas de Kant pela Academia de Berlim).

Prevenir os mal-entendidos, entretanto, exigia lidar com outro problema: a própria extensão e a complexidade da obra original pareciam ensejar essas incompreensões. Daí o segundo propósito dos *Prolegômenos*: prover uma visão sinóptica do longo e tortuoso argumento formulado na *Crítica da razão pura*, de modo a deixar mais claros seu objetivo e as etapas de sua exposição. Os *Prolegômenos*, com efeito, pretendem encapsular todo o percurso da *Crítica*, marcando claramente suas principais articulações e reduzindo a exposição a seus elementos essenciais. Além disso, diferentemente do método sintético adotado na *Crítica*, que não pressupõe a existência de nenhuma ciência e não toma nada como dado exceto os princípios da própria razão, os *Prolegômenos* simplificam a exposição ao tomar a direção oposta e, assumindo como existentes as ciências da matemática e da física puras, procedem regressivamente, à maneira analítica, em busca dos fundamentos que possibilitam a existência dessas ciências.[2] Desse modo, Kant consegue mapear as três grandes divisões da *Crítica* – Estética, Analítica e Dialética transcendentais – em três sucintas questões que norteiam todo o desenvolvimento dos *Prolegômenos*: Como é possível a matemática pura? Como é possível a ciência pura da natureza? Como é possível a metafísica como disposição natural da razão, e pode ela igualmente vir a constituir-se em uma ciência?

Além de organizarem o campo de investigação da filosofia crítica em termos que são muito mais facilmente compreensíveis ao leitor iniciante, os *Prolegômenos* indicam – de forma bem mais explícita do que a *Crítica* – o lugar que Kant pretende assumir *vis-à-vis* à tradição filosófica que o precedeu, tanto no que se refere às influências e motivações recebidas como, em especial, à revolucionária ruptura com essa tradição. De particular importância são as declarações que Kant faz sobre a influência que a obra de Hume exerceu sobre seu pensamento, ao despertá-lo de seu "sono dogmático" e fazê-lo atentar para a urgência de uma reforma da metafísica;[3] declarações que não estão contidas na obra principal e que têm grande importância para o estudo das origens da filosofia crítica.

2. IV: 263, 274, 279.
3. IV: 257-262.

Se considerarmos, por fim, que os *Prolegômenos* contêm ao menos duas importantes discussões – a saber, a distinção entre juízos de percepção e juízos de experiência[4] e o problema das contrapartes incongruentes[5] – que não estão presentes na *Crítica da razão pura*, teremos já todos os elementos para afirmar que, longe de ser apenas um mero subsídio à leitura da *Crítica*, o opúsculo que Kant publicou em 1783 possui um valor próprio enquanto exposição independente de sua filosofia crítica em seus traços essenciais. E, além da utilidade que representa para o estudioso iniciante, em virtude de sua maior compreensibilidade, continua sendo um texto indispensável para o pesquisador experiente pela diferente perspectiva que permite lançar sobre o projeto crítico de Kant.

Não posso estender-me mais sobre o conteúdo dos *Prolegômenos* – o leitor que domina a língua inglesa encontrará excelentes introduções nas traduções listadas ao final desta Apresentação. Pretendo apenas, no que resta, descrever as motivações que me levaram a empreender esta tradução e as diretrizes que adotei em seu preparo.

A tradução brasileira dos *Prolegômenos* publicada em 1980 na coleção "Os Pensadores" cumpriu à época seu papel pioneiro, mas não está mais, hoje, à altura do nível de *scholarship* que caracteriza os estudos kantianos no Brasil, e a necessidade de uma nova tradução para uso dos estudantes de filosofia que não dominam a língua alemã havia muito se fazia sentir. Em meu primeiro curso sobre os *Prolegômenos*, ministrado em 2010, utilizei a tradução portuguesa das Edições 70, que se mostrou essencialmente correta, embora ainda revelasse muita margem para aperfeiçoamentos, particularmente no que respeita à compreensibilidade. A principal motivação, entretanto, que me levou a preparar esta nova tradução foi o fato de que aí residia uma oportunidade única para revisar e aperfeiçoar a terminologia empregada nas duas traduções existentes dos *Prolegômenos* para

---

4. IV: 298-301.
5. IV: 285-286.

a língua portuguesa. Como esse será o aspecto que certamente mais chamará a atenção neste trabalho – e é potencialmente o mais controverso –, pretendo deter-me um pouco nessas mudanças e nas razões que me levaram a adotá-las.

Antes, porém, é necessário fazer algumas observações gerais sobre as diretrizes seguidas nesta tradução. Segundo a prática que se consolida nas últimas décadas, especialmente nas traduções de Kant para o inglês, segui da maneira mais exata possível a estrutura das sentenças e parágrafos do texto original. Longas sentenças e longos parágrafos foram mantidos sem quebras, tal como Kant os redigiu. Em raras ocasiões, sinais de pontuação foram introduzidos para demarcar longas frases apositivas e esclarecer a sintaxe da sentença; e a referência de alguns pronomes foi explicitada quando estritamente necessária para evitar alguma ambiguidade. Em nenhuma circunstância adotou-se a paráfrase ou interpretação, de modo que o texto traduzido apresenta, para o leitor culto de língua portuguesa, a mesma dificuldade que o original de Kant oferece ao leitor culto alemão de hoje. A tradução cuidou, entretanto, para que, apesar da grande complexidade sintática, o sentido das sentenças fosse sempre compreensível e unívoco, embora certamente exigindo esforço e atenção por parte do leitor.

Quanto à fonte, esta tradução foi realizada a partir da edição alemã preparada por Karl Vorländer (*Prolegomena zu einer jeden künftigen Metaphysik, die als Wissenschaft wird auftreten können*, 6. ed., Leipzig, Felix Meiner, 1920). Explicarei à frente as razões para a adoção dessa edição de preferência à de Benno Erdmann para a Academia de Berlim, notando apenas que a edição Vorländer serviu de base também para duas das mais conceituadas e recentes traduções dos *Prolegômenos* em língua inglesa, por Gary Hatfield e Günter Zöller, publicadas respectivamente pela Cambridge University Press (2002, 2004) e pela Oxford University Press (2004).[6] Embora tenha adotado a edição Vorländer, cotejei todo o texto igualmente com a edição da Academia, com especial atenção aos pontos em que as duas edições divergem.

---

6. Ver, ao final desta Apresentação, as referências completas das obras mencionadas.

Em cada caso adotei criteriosamente uma decisão, procurando também apoio nas soluções adotadas por Hatfield e Zöller. Essas decisões foram incorporadas por mim silenciosamente ao texto final, pois não quis sobrecarregar o leitor com pormenores que apenas o desviariam do objetivo principal, que é a leitura e a compreensão do texto de Kant.

Passo, então, a listar e comentar as mudanças que o presente trabalho introduz no vocabulário tradicionalmente empregado nas traduções tanto dos *Prolegômenos* como da própria *Crítica da razão pura*[7] para o português, um vocabulário que reproduz essencialmente as decisões terminológicas adotadas na clássica tradução francesa desta última obra por Tremesaygues e Pacaud. Fui guiado nessas decisões exclusivamente por considerações filosóficas, vale dizer, minha tradução dos termos kantianos procurou ater-se ao significado que possuem no interior do sistema filosófico do autor e maximizar a clareza e consistência da exposição, sem enveredar pelas infindáveis questões filológicas associadas a esses termos em seu uso geral na língua alemã. Que eu tenha em boa medida preferido as soluções empregadas nas recentes traduções de Kant em língua inglesa não implica nenhuma subserviência à escola anglo-saxônica, mas apenas minha convicção de que essas soluções são também as mais adequadas para reproduzir o pensamento de Kant em português e estão, na prática, cada vez mais difundidas entre estudiosos do autor no Brasil, particularmente os que adotam uma perspectiva de viés mais analítico ou semântico. Passo, então, a comentar essas modificações.

I. *Erscheinung*: aparecimento

As edições dos *Prolegômenos* (e também da *Crítica da razão pura*) em língua portuguesa traduzem *Erscheinung* por *fenômeno* e empregam ambiguamente essa mesma palavra para traduzir *Phänomen*,

---

7. Meus comentários sobre as traduções da *Crítica* em português não incluem a recente tradução de Fernando Costa Mattos (Vozes, 2012), que ainda não tive a oportunidade de examinar.

pondo a perder uma distinção que, embora reconhecidamente obscura,[8] não pode ser simplesmente obliterada. Em contrapartida, o termo *Erscheinung* é hoje comumente traduzido em língua inglesa por *appearance*, palavra que recobre exatamente o campo semântico do termo alemão e que, em português, se distribui pelos termos *aparição, aparência* e *aparecimento*, dos quais apenas o último não introduz conotações indesejadas e pode funcionar de maneira neutra para simplesmente indicar *que algo aparece* ou *o aparecer de algo*. Note-se ainda que o emprego em português do par *aparecer/aparecimento* permite reproduzir o ocasional jogo de palavras que Kant faz entre o verbo *erscheinen* e o substantivo *Erscheinung*,[9] o que não ocorre quando se traduz *Erscheinung* por *fenômeno*.

2. *Erkenntnis*: cognição

A palavra *Erkenntnis* é tradicionalmente traduzida em português por *conhecimento*, uma escolha que considero inadequada, já que traz conotações que não estão presentes no conceito tal como Kant o emprega. De fato, a noção de conhecimento envolve uma relação de *correspondência* entre uma representação e seu objeto, ou seja, conhecimento implica a *verdade* do juízo ou da representação.[10] Ora, essa implicação não vigora para a noção kantiana de *Erkenntnis*, que é simplesmente uma espécie de *representação (Vorstellung)*, como Kant explica em A320/B377.[11] Nessa passagem, Kant associa *Erkenntnis* ao termo latino *cognitio*, e define essa noção como "uma percepção objetiva" (*eine objektive Perzeption*). *Erkenntnis*, portanto, é da mesma natureza que outras representações, como a sensação (*sensatio*) e a percepção (*perceptio*), e a sua tradução em

---

8. Para uma informativa discussão sobre a distinção *Erscheinung - Phänomen*, veja-se PALMQUIST, S. R., Six Perspectives on the Object in Kant's Theory of Knowledge. *Dialectica*, vol. 40, Nº 2 (1986).
9. Ver, por exemplo, IV: 289.
10. Desde Platão conhecimento é definido como opinião *verdadeira* justificada.
11. As referências à *Crítica da razão pura* são feitas da maneira usual empregando-se A para a 1ª edição e B para a 2ª edição, seguida do número das páginas na edição das obras completas de Kant pela Academia de Berlim

português, analogamente, deve ser *cognição*, no sentido de um *ato* cognitivo dirigido a um objeto sobre o qual se faz um juízo que pode perfeitamente ser falso e, portanto, não constituir um conhecimento. A clássica tradução da *Crítica* por Norman Kemp Smith (1929) ainda emprega *knowledge* para traduzir *Erkenntnis*, mas o uso de *cognition* está hoje generalizado na literatura secundária em língua inglesa, especialmente após a nova tradução da *Crítica da razão pura* por Paul Guyer e Allen W. Wood (1998).

3. *Grenzen*: fronteiras; *Schranken*: limites

Este par de conceitos tem um sentido técnico muito preciso na exposição kantiana, tanto na *Crítica* quanto nos *Prolegômenos*, e é essencial para a compreensão do texto que ele seja consistentemente traduzido. As traduções dessas obras para a língua portuguesa adotam usualmente (mais uma vez, aparentemente, como herança da tradução de Tremesaygues e Pacaud) uma solução exatamente oposta à que utilizo neste trabalho. Talvez se pudesse dizer que, se a consistência fosse mantida (o que nem sempre ocorre), a compreensibilidade não seria prejudicada, e a escolha de uma ou outra expressão seria apenas uma questão de gosto, mas creio que há boas razões em favor da opção que proponho. De fato, Kant caracteriza *Grenzen* (em coisas extensas) como algo que pressupõe sempre um espaço que se encontra fora de uma locação fixa e que a encerra; mas não requer nada disso no caso de *Schranken*, que são apenas negações que impedem a completude absoluta de uma grandeza.[12] Parece muito mais adequado, portanto, denominar *Grenzen de fronteiras*, obtidas pela demarcação de uma extensão que as determina a partir de fora, como uma linha que é em princípio alcançável, reservando-se o termo *limites* para *Schranken* (em analogia com a noção matemática de limite de uma função), enquanto um ponto ou linha de que se pode aproximar indefinidamente sem que seja jamais alcançado.[13]

12. IV: 352.
13. Veja-se toda a importante discussão no início da Conclusão dos *Prolegômenos*, IV: 350-354.

4. *Wechsel*: mudança; *Veränderung*: alteração

Este é outro par de conceitos que tem significado técnico muito preciso na filosofia de Kant e que é usualmente traduzido em português de maneira oposta à que adoto nesta tradução, embora mais uma vez a consistência esteja longe de ser mantida (mais uma herança da tradução de Tremesaygues e Pacaud). Um simples exame da etimologia das palavras revela a proximidade entre *verändern* e *alterar*, que significam literalmente *tornar outro* (*alter/ander*), e recomenda de imediato a solução que adoto. Em Kant, esses conceitos dizem respeito à relação entre substância e acidente, e podem ser resumidos dizendo-se que, para Kant, em todo acontecimento (todo começo de existência) a substância se *altera* (embora permaneça) e os acidentes *mudam* (isto é, surgem e desaparecem). É certo que essa distinção tem muito mais importância na *Crítica da razão pura* que nos *Prolegômenos*, onde ocorre apenas de passagem,[14] mas ainda assim merece ser corretamente observada.

5. *sinnliche Anschauung*: intuição sensorial

Esta escolha terminológica não tem a mesma importância das decisões anteriores e pode ser considerada uma questão de gosto pessoal. Mas há certamente algum desconforto em aplicar o mesmo adjetivo "sensível" a uma faculdade ou ato de uma faculdade (como uma intuição), e ao objeto que é apreendido por essa faculdade ou por esse ato. Um objeto sensível é aquele que pode ser apreendido na sensação, mas o ato que o apreende não pode ser sensível nesse mesmo sentido. O próprio Kant recomenda uma distinção semelhante quando afirma, em nota,[15] que se deve falar em "mundo inteligível" (*intelligibel*) e não "mundo intelectual" (*intellektuell*), reservando este segundo adjetivo apenas para os atos cognitivos (como no caso de uma intuição intelectual) e não para os objetos desse ato, que seriam propria-

---

14. Ver IV: 368 (mudança) e IV: 283, 285, 336n (alteração).
15. IV: 317n.

mente *inteligíveis*. Kant pôde fazer essa distinção porque dispunha de termos de origem latina com os sufixos apropriados, mas o adjetivo alemão *sinnlich* não permite uma correspondente flexão. Dispomos, entretanto, em português, dos adjetivos *sensível* e *sensorial*, que podem cumprir convenientemente esse papel. Nesta tradução, portanto, empreguei-os para marcar a distinção entre atos cognitivos (intuição sensorial, representação sensorial, cognição sensorial) e objetos desses atos (mundo sensível).[16]

Passo, por fim, a justificar a adoção da edição Vorländer dos *Prolegômenos* como base para esta nova tradução, em lugar da preparada por Benno Erdmann e publicada no volume IV da edição da Academia de Berlim (1ª ed. 1903, 2ª ed. 1911). A edição de Erdmann representou um progresso imenso em relação ao texto notoriamente mal revisado da edição original dos *Prolegômenos* (Riga, Hartknoch, 1783), na medida em que incorporou mais de uma centena de correções pacientemente oferecidas ao longo de um século por vários estudiosos desse texto. Mas, apesar da excelência do trabalho de Erdmann, persistia um problema que Hans Vaihinger já havia notado em 1879: na seção § 4, que trata da questão da possibilidade da metafísica, o fio da exposição se interrompe bruscamente após o primeiro parágrafo, e seguem-se cinco parágrafos dedicados a estabelecer o caráter sintético das proposições da matemática e da metafísica, um assunto que remetia a uma discussão iniciada (e aparentemente não concluída) na seção § 2. O fato de que a remoção desses cinco parágrafos problemáticos da seção § 4 e sua inserção ao final da seção § 2 restituía a unidade da primeira e completava consistentemente a discussão iniciada na segunda levou Vaihinger a formular, com base em razões puramente internas ao texto, a hipótese de que teria havido uma transposição desses parágrafos durante a impressão da edição original dos *Prolegômenos*, uma hipótese que recebeu confirmação em 1904, quando Sitzler, a partir da contagem das linhas afetadas, foi capaz de descrever plausivelmente

---

16. Sigo nesta decisão a proposta de Gary Hatfield em *Theoretical Philosophy After 1781* (Henry Allison e Peter Heath, eds.), Cambridge University, 2002, p. 46.

como a troca de duas matrizes de cem linhas poderia ter levado precisamente a esse erro.[17]

Em 1904, quando surgiu o artigo de Sitzler, a edição da Academia dos *Prolegômenos* já estava em circulação, mas é de lamentar-se que Benno Erdmann, ao preparar a 2ª edição da obra em 1911, não tenha julgado necessário mencionar sequer em nota a existência da hipótese de Vaihinger-Sitzler. Nesse meio-tempo, entretanto, a oportunidade foi aproveitada por Karl Vorländer, que publicou em 1906 sua própria edição dos *Prolegômenos*, na qual, além de 26 novas correções ao texto, efetuou o reposicionamento dos cinco parágrafos da seção § 4 para o final da seção § 2. O resultado não pode deixar de ser plenamente convincente para quem quer que examine as duas alternativas, e a edição Vorländer dos *Prolegômenos*, em suas sucessivas edições e revisões, mantém-se como a principal referência acadêmica para os estudos dos *Prolegômenos* na Alemanha e é a preferida pela maioria dos editores e tradutores de língua inglesa desde a metade do século XX, com os importantes exemplos de Lewis White Beck (1950) e Peter G. Lucas (1953),[18] além de ter sido adotada, como já mencionado, nas mais recentes traduções dos *Prolegômenos* publicadas nas coleções de Oxford e Cambridge.[19]

Note-se que, embora baseada na edição Vorländer, a presente tradução indica na margem lateral, como de praxe, a paginação relativa ao texto publicado no volume IV da edição da Academia. O leitor deve, portanto, estar atento ao fato de que a numeração das páginas sofre ligeira descontinuidade nas seções § 2 e § 4, passando de IV: 269 para IV: 272, de IV: 274 para IV: 270, e de IV: 272 para IV: 274.

---

17. H. Vaihinger, "Eine Blattversetzung in Kants *Prolegomena*", *Philosophische Monatshefte* 15 (1879), p. 321-32, 513-32; Sitzler, "Zur Blattversetzung in Kants Prolegomena", *Kant-Studien* 9 (1904), p. 538-9.
18. A tradução de Beck é uma revisão da tradução de Paul Carus (1902), a qual, por sua vez, é uma revisão da tradução de John Mahaffy (1872). A tradução de Lucas é um trabalho original.
19. A tradução editada por Günter Zöller para a série Oxford Philosophical Texts é uma revisão da tradução de Lucas. A tradução preparada por Gary Hatfield para a Cambridge Edition of the Works of Immanuel Kant é um trabalho original.

Por fim, é minha convicção que uma tradução deve falar por si mesma e impor-se pela clareza, fluência e compreensibilidade, e o tradutor, correspondentemente, manter-se invisível por trás de seu trabalho. De resto, como esta tradução não se destina a especialistas (que naturalmente sempre devem ler o texto original), não faz sentido onerar o leitor com escolhas e alternativas que cabe apenas ao tradutor decidir e implementar. Nesse espírito, o que se apresenta aqui é apenas o texto do próprio Kant (inclusive nas notas de rodapé), demarcando-se entre colchetes os pouquíssimos acréscimos que julguei necessário introduzir. Aqueles interessados em discussões exegéticas e filológicas certamente encontrarão amplo material em outras paragens; minha intenção, aqui, foi oferecer a estudantes e leitores cultos em geral uma fidedigna porta de entrada ao pensamento de Kant, não como objeto de museu, mas como fonte inesgotável de reflexões sobre problemas que continuam extremamente urgentes e atuais na filosofia contemporânea.

José Oscar de Almeida Marques
Campinas, 2011-2013

EDIÇÕES E TRADUÇÕES CONSULTADAS

Prolegomena zu einer jeden künftigen Metaphysik, die als Wissenschaft wird auftreten können. Frankfurt; Leipzig, 1794 (reimpressão da Iª edição de 1783).

Prolegomena zu einer jeden künftigen Metaphysik, die als Wissenschaft wird auftreten können. Ed. Benno Erdmann. In: *Kants gesammelte Schriften.* Vol. IV. Königlich Preussischen Akademie der Wissenschaften. Berlim: Georg Reimer, 1911.

Prolegomena zu einer jeden künftigen Metaphysik, die als Wissenschaft wird auftreten können. Ed. Karl Vorländer. Leipzig: Felix Meiner, 1920.

Prolegomena to Any Future Metaphysics. Trad. Lewis White Beck. Nova York: Liberal Arts Press, 1950.

Prolegomena to Any Future Metaphysics that Will Be Able to Come Forward as Science. Trad. Gary Hatfield. Cambridge: Cambridge University Press, 2004.

Prolegomena to Any Future Metaphysics That Will Be Able to Come Forward as Science. Trad. Gary Hatfield. In: ALLISON, Henry; HEATH, Peter (orgs.). *Theoretical Philosophy after 1781* (Cambridge Edition of the Works of Immanuel Kant). Cambridge: Cambridge University Press, 2002. (Variante da tradução anterior.)

Prolegomena to Any Future Metaphysics That Will Be Able to Present Itself as Science. Ed. Günter Zöller. Trad. Peter G. Lucas e Günter Zöller. Oxford: Oxford University Press, 2004.

Prolegômenos. Trad. Tânia Maria Bernkopf. In: *Kant*. Vol. II (Coleção Os Pensadores). 2ª ed. São Paulo: Abril, 1984.

Prolegómenos a toda a metafísica futura que queira apresentar-se como ciência. Trad. Artur Morão. Lisboa: Edições 70, 2008.

Prolegômenos a qualquer metafísica futura que possa apresentar-se como ciência

Prefácio

Estes Prolegômenos não são para uso de aprendizes, mas de futuros mestres e, mesmo para estes, não devem servir para organizar a exposição de uma ciência já pronta, mas, antes de tudo, para arquitetar essa própria ciência.

Há eruditos para os quais a história da filosofia (tanto da antiga quanto da moderna) constitui, ela própria, sua filosofia; os presentes Prolegômenos não foram escritos para esses, que só fazem aguardar até que os que se esforçam para beber das fontes da própria razão tenham completado sua tarefa, para que chegue sua vez de informar o mundo sobre o sucedido. Se assim não for, nada se pode dizer, em sua opinião, que já não tenha sido dito antes, o que de fato pode valer como uma predição infalível para todo o futuro, pois como o entendimento humano tem especulado sobre inúmeros objetos de diversas maneiras ao longo de muitos séculos, dificilmente se deixaria de encontrar, para cada novidade, alguma coisa antiga que a ela de algum modo se assemelhasse.

Meu propósito é persuadir todos os que julgam que vale a pena ocupar-se com a metafísica de que é absolutamente necessário suspender por ora seu trabalho, considerar tudo que ocorreu até agora como não tendo ocorrido, e, antes de qualquer coisa, questionar se isso que se entende por metafísica é, afinal, possível.

Se a metafísica é uma ciência, por que não consegue, como as demais, obter uma aprovação geral e duradoura? E, se não é uma ciência, como foi capaz de, aparentando sê-la, dar-se incessantemente ares de importância e distrair o entendimento humano com esperanças que nunca se desfazem e nunca são cumpridas? Portanto, seja para estabelecer nosso conhecimento ou nossa ignorância, é necessário alcançar definitivamente uma certeza sobre a natureza dessa suposta ciência, pois, no pé em que estão, as coisas não podem continuar. Chega a ser ridículo que, enquanto todas as outras ciências fazem incessantes progressos, esta, que se pretende a própria sabedoria e cujo oráculo todos consultam, fique girando no mesmo lugar sem dar um único passo à frente. Ademais, seus seguidores estão muito dispersos e já não se vê, entre os que se sentem fortes o bastante para brilhar em outras ciências, alguém que queira arriscar sua reputação nesta, na qual qualquer ignorante em todos os outros assuntos se arroga um julgamento decisivo, pois, de fato, ainda não há, nesse terreno, nenhum peso ou medida segura para distinguir a solidez da tagarelice superficial.

Mas depois que uma ciência passa por uma longa elaboração e as pessoas se admiram dos progressos que ela alcançou, não é incomum que alguém por fim se lembre de perguntar se e como, afinal, essa ciência é possível. Pois a razão humana deleita-se tanto em construir que já erigiu a torre várias vezes, desmantelando-a em seguida a fim de ver como eram suas fundações. Nunca é demasiado tarde para tornar-se sensato e sábio, mas, se a compreensão tarda a chegar, é sempre mais difícil pô-la em funcionamento.

Perguntar se uma ciência é possível supõe que se duvida da realidade dessa ciência. Mas essa dúvida ofende todos cujos haveres consistem inteiramente nesse suposto tesouro; assim, quem se arrisca a levantá-la deve estar preparado para enfrentar resistência de todos os lados. Alguns, tendo à mão seus compêndios metafísicos e orgulhosamente conscientes da antiguidade e, portanto, da suposta legitimidade de sua posse, vão olhá-lo com desprezo; outros, que jamais veem algo que não seja o mesmo que já viram em outra parte, não o compreenderão, e por um tempo tudo permanecerá como se não houvesse ocorrido nada que fizesse temer ou esperar uma mudança iminente.

Mesmo assim, atrevo-me a predizer que o leitor destes Prolegômenos, se for capaz de pensar por si próprio, não apenas porá em dúvida sua ciência anterior como ficará, em seguida, plenamente convencido de que uma ciência como essa não pode existir se não forem atendidas as exigências aqui expressas, que são a base de sua possibilidade, e, dado que isso nunca aconteceu, também se convencerá de que ainda não existe nenhuma metafísica. Mas como a demanda por essa ciência jamais pode cessar,[1] visto que o interesse da razão humana universal com ela se entrelaça de forma demasiado íntima, ele admitirá que uma completa reforma, ou, antes, um renascimento da metafísica, segundo um plano até aqui de todo desconhecido, está inevitavelmente por acontecer, por mais que se tente resistir a isso por um tempo.

Desde os ensaios de Locke e Leibniz, ou melhor, desde o início da metafísica até onde alcança sua história, nada ocorreu que pudesse ser mais decisivo para o destino dessa ciência que o ataque que lhe foi dirigido por David Hume. Este não lançou nenhuma luz sobre esse tipo de cognição, mas produziu uma centelha com a qual se poderia ter acendido uma luz, caso tivesse encontrado uma mecha receptiva cuja chama fosse cuidadosamente mantida e alimentada.

Hume partiu essencialmente de um único, mas importante conceito da metafísica, a saber, o da *conexão de causa e efeito* (juntamente com seus conceitos derivados de força e ação, etc.). Ele desafiou a razão, que pretende ter gerado esse conceito em seu regaço, a explicar-lhe com que direito julga que algo possa estar de tal modo constituído que, uma vez posto, alguma outra coisa também tivesse de estar posta necessariamente, pois isso é o que diz o conceito de causa. Ele provou de modo irrefutável que é inteiramente impossível para a razão pensar essa conjunção *a priori* por meio de conceitos, pois ela contém necessidade, e não se pode ver de nenhum modo como, do fato de que algo exista, alguma outra coisa deva também necessariamente existir, e como, portanto, se poderia introduzir *a priori* o conceito dessa conexão. Disso ele inferiu que a razão está de todo enganada quanto a esse conceito, tomando-o falsamente como seu próprio fruto ao passo que ele não é senão um bastardo da imaginação que, fecundada pela experiência, reuniu certas representações sob a lei da associação e tomou erroneamente uma necessidade subjetiva que daí resulta, isto é, um hábito, por uma necessidade objetiva

---

1. *Rusticus exspectat, dum defluat amnis, at ille/ Labitur et labetur in omne volubilis aevum.* Horácio. [Epístola I, 2, 42 e seguintes: O campônio espera que o rio pare de correr/ Mas ele flui e continuará fluindo por toda a eternidade.]

provinda do conhecimento. Disso ele inferiu que a razão não tem nenhum poder de pensar essas conexões, nem sequer apenas de maneira geral, pois seus conceitos seriam então meras ficções, e todas as suas supostas cognições *a priori* nada mais que experiências ordinárias falsamente rotuladas, o que equivale a dizer que não existe nenhuma metafísica, nem poderia existir.[2]

Ainda que apressada e incorreta, sua conclusão estava pelo menos fundada em uma investigação, e essa investigação bem mereceria que as melhores cabeças de sua época se reunissem para resolver o problema no sentido em que ele o apresentara, se possível de uma maneira mais afortunada, e disso logo deveria resultar uma completa reforma dessa ciência.

Mas o destino, sempre desfavorável à metafísica, quis que Hume não fosse compreendido por ninguém. Não se pode observar sem um sentimento de pesar como seus oponentes Reid, Oswald, Beattie, e finalmente Priestley, perderam tão completamente de vista o ponto central de sua tarefa e, enquanto tomavam sempre como admitido exatamente aquilo de que ele duvidava, e, pelo contrário, provavam com zelo e muitas vezes com grande impertinência aquilo que nunca lhe passou pela mente duvidar, equivocaram-se de tal modo quanto à sua sugestão de melhoria que tudo permaneceu na mesma situação, como se nada tivesse acontecido. A pergunta não era se o conceito de causa seria correto, útil e indispensável a toda cognição da natureza, pois isso Hume nunca pôs em dúvida, mas se ele é pensado *a priori* pela razão, tendo desse modo uma verdade interna independente de toda experiência e, com isso, também uma utilidade bem mais ampla, que não estaria limitada apenas aos objetos da

---

2. Não obstante, Hume deu a essa filosofia destrutiva o nome de metafísica, e atribuiu-lhe um grande valor. "A metafísica e a moral, diz ele, são os ramos mais importantes da ciência; a matemática e a ciência da natureza não valem a metade delas" (*Ensaios*, parte IV, p. 214, tradução alemã). Mas esse homem arguto contemplava aqui apenas a utilidade negativa que teria a moderação das exageradas pretensões da razão especulativa para pôr fim definitivamente a tantas disputas intermináveis e importunas que confundem a espécie humana; mas perdeu de vista o dano positivo que resulta de privar a razão de suas mais importantes perspectivas, que, só elas, lhe permitem sinalizar, para a vontade, o objetivo mais elevado de todos seus esforços.

experiência; tal era o ponto sobre o qual Hume esperava uma informação. Pois o que estava em discussão era apenas a origem desse conceito, não sua indispensabilidade prática; e uma vez que a primeira fosse estabelecida, então, quanto às condições de seu uso e ao âmbito em que ele pode ser válido, a questão já se resolveria por si mesma.

Contudo, para fazer justiça à tarefa, os oponentes desse homem célebre teriam de penetrar muito profundamente na natureza da razão na medida em que esta se ocupa apenas com o puro pensamento, algo que não era de seu agrado. Adotaram, por conseguinte, um modo mais cômodo de preservar sua obstinação mesmo sem dispor de nenhum conhecimento, a saber, o apelo ao *senso comum*. De fato, é uma grande dádiva dos céus possuir um bom senso (ou, como se denomina mais recentemente, um entendimento simples ou ordinário). Mas essa posse deve ser demonstrada por atos, pelas coisas refletidas e racionais que se pensa e diz, e não apelando a ele como a um oráculo quando não se sabe apresentar nada sensato com que se justificar. Apelar ao senso comum quando conhecimento e ciência chegam ao fim, e não antes, é uma das sutis invenções dos tempos recentes, por meio da qual o tagarela mais superficial pode confiantemente enfrentar o mais sólido pensador e manter seu terreno diante dele. Mas, enquanto restar o menor vestígio de conhecimento, é de bom alvitre evitar recorrer a esse auxílio desesperado. E, visto mais de perto, isso não passa de um apelo ao julgamento da massa: um aplauso frente ao qual o filósofo enrubesce, mas que faz triunfar e encoraja o charlatão popular. Devo supor, porém, que Hume teria tanta pretensão a um bom senso quanto Beattie, e, além disso, a algo que este certamente não possuía, a saber, uma razão crítica que mantém o entendimento ordinário dentro de limites para que este não se perca em especulações, ou, quando se trata de simples especulações, não pretenda decidir nada, visto que não sabe como justificar-se quanto a seus princípios; pois só assim o são entendimento será preservado. Martelo e cinzel podem servir muito bem para trabalhar uma peça de marcenaria, mas, para a gravação em metal, deve-se usar um buril. Assim, o bom senso e o entendimento especulativo são ambos úteis, mas cada qual à sua maneira: o primeiro, quando se trata de juízos que encontram sua aplicação imediata na experiência, o segundo, quando se deve julgar em geral a partir de simples conceitos, por exemplo, na metafísica, em que aquilo que se autodenomina, muitas vezes por antífrase, um bom senso, não tem absolutamente nenhum juízo a fazer.

Admito sem hesitar: a recordação de David Hume foi exatamente aquilo que, há muitos anos, primeiro interrompeu meu sono dogmático e deu uma direção completamente diversa às minhas investigações no campo da filosofia especulativa. Estive muito longe de dar ouvidos a suas conclusões, que só se escoram no fato de ele não ter representado sua tarefa por inteiro, mas fixado-se apenas em uma parte dela, a qual, sem levar em consideração o todo, não pode fornecer nenhuma informação. Quando se parte de um pensamento bem fundamentado embora ainda não desenvolvido que alguém nos legou, pode-se muito bem esperar, por meio de uma reflexão continuada, levá-lo mais longe do que o homem sagaz a quem se deve agradecer pelo primeiro lampejo dessa luz.

Investiguei, então, em primeiro lugar, se a objeção de Hume não se deixaria representar de forma geral, e logo descobri que o conceito da conexão de causa e efeito está longe de ser o único pelo qual o entendimento pensa *a priori* conexões entre as coisas, e, mais ainda, descobri que a metafísica consiste inteiramente nesses conceitos. Procurei assegurar-me de seu número, e quando consegui fazê-lo do modo que queria, a saber, a partir de um único princípio, passei à dedução desses conceitos, seguro agora de que eles não derivam da experiência, como cuidara Hume, mas originam-se do puro entendimento. Essa dedução, que parecera impossível ao meu arguto predecessor, que ninguém exceto ele ousara considerar, embora todos confiantemente empregassem esses conceitos sem se perguntar em que se baseava sua validade objetiva, essa dedução, eu dizia, foi a coisa mais difícil que poderia ser empreendida a serviço da metafísica; e o que é ainda pior, a metafísica, na medida em que se pode encontrá-la, não poderia ser-me aqui do menor auxílio, pois é essa dedução que primeiro deve estabelecer a possibilidade de uma metafísica.

Tendo resolvido o problema de Hume não apenas em um caso particular, mas para toda a faculdade da razão pura, pude dar passos seguros, embora ainda lentos, para finalmente determinar, de maneira completa e segundo princípios universais, toda a extensão da razão pura, tanto em suas fronteiras como em seu conteúdo, que era o que a metafísica necessitava para construir seu sistema de acordo com um plano seguro.

IV: 261

Mas temo que à *elaboração* do problema de Hume em sua máxima extensão (a saber, à crítica da razão pura) possa suceder o mesmo que ao próprio *problema* quando de sua primeira apresentação. Por não ser entendida, será julgada erroneamente, e não será entendida porque as pessoas estarão dispostas a folhear o livro, mas não a pensar por meio dele, e não quererão despender esse esforço porque a obra é árida, porque é obscura, porque é contrária a todos os conceitos habituais e, além de tudo, prolixa. Ora, concedo que não esperaria ouvir um filósofo queixar-se por ela não ser popular, divertida e fácil de acompanhar, quando se trata da própria existência de uma cognição valorizada e indispensável à humanidade, que não pode ser estabelecida senão segundo as regras mais estritas de uma exatidão escolástica, à qual, de fato, com o tempo, até mesmo a popularidade pode seguir-se, embora não possa estar lá desde o início. Apenas no que se refere a certa obscuridade, derivada em parte da vastidão do plano, pela qual se torna difícil abranger os pontos principais que interessam à investigação, a queixa é justa, e procurarei remediá-la com os presentes *Prolegômenos*.

Aquela obra que exibe a pura faculdade da razão em toda sua extensão e fronteiras permanece sempre, porém, como a fundação à qual os Prolegômenos se referem apenas como exercícios preliminares, pois essa Crítica, enquanto ciência, deve existir de forma sistemática e completa até suas menores partes, antes que se pense em permitir que a metafísica entre em cena, ou tenha sequer uma longínqua esperança de vir a constituir-se.

Já há muito nos acostumamos a ver conhecimentos velhos e desgastados ganharem um novo arrimo ao serem separados de suas antigas associações para receber uma roupagem sistemática talhada segundo as próprias preferências, embora com novos títulos; e a maioria dos leitores não esperará outra coisa dessa Crítica. Só esses Prolegômenos os levarão a notar que se trata aqui de uma ciência inteiramente nova, na qual ninguém sequer antes pensara, cuja mera ideia era desconhecida e para a qual nada do que foi feito até aqui poderia ser utilizado, exceto a advertência que poderia ser fornecida pela dúvida de Hume, embora este, do mesmo modo, jamais tenha suspeitado da existência dessa possível ciência formal, mas ancorou seu barco, para mantê-lo seguro, na praia (no ceticismo) para lá jazer e decompor-se; ao passo que pretendo dar-lhe um piloto que, segundo os princípios seguros que a arte da navegação obtém de um conhecimento do globo, e equipado com uma carta marítima completa e uma bússola, possa dirigir o navio com segurança para onde lhe aprouver.

Abordar uma nova ciência completamente isolada e única em sua espécie com o preconceito de que é possível julgá-la por meio dos supostos conhecimentos que já se possui, quando é exatamente a realidade desses próprios conhecimentos que se deve primeiro pôr integralmente em dúvida, apenas leva a crer que se vê por toda parte o que já anteriormente se conhecia, talvez porque as expressões soam muito semelhantes; mas tudo deve parecer extremamente distorcido, sem sentido e ininteligível, pois não são os pensamentos do autor que estão sendo tomados como sua base, mas apenas a própria maneira de pensar que, por um longo hábito, tornou-se natureza. Mas a prolixidade da obra, na medida em que está fundada na própria ciência e não em sua exposição, sua inevitável aridez e exatidão escolástica são propriedades que podem, de fato, ser muito vantajosas ao assunto em si, embora devam ser prejudiciais ao próprio livro.

Nem todos têm o dom de escrever de forma tão refinada e contudo ao mesmo tempo tão atraente como David Hume, ou de maneira tão profunda e tão elegante quanto Moses Mendelssohn; mas eu poderia facilmente (como me vanglorio) ter dado popularidade à minha apresentação se tudo que tivesse de fazer fosse esboçar um plano e encomendar a execução a outros, e se não tivesse levado a sério o bem da ciência que me manteve ocupado por tanto tempo; pois, afinal, requer-se grande perseverança e não menos desprendimento para pôr de lado a tentação de uma recepção rápida e favorável em troca da expectativa de uma aprovação certamente tardia, mas duradoura.

Fazer planos é, na maioria das vezes, uma ocupação arrogante e vaidosa do espírito, pela qual alguém se dá a aparência de um gênio criador ao exigir o que ele próprio não pode prover, ao censurar o que não consegue fazer melhor, e ao propor o que ele mesmo não sabe como alcançar; se bem que o mero plano de uma crítica geral da razão já teria requerido mais do que se poderia supor, para não ser, como de hábito, uma simples declamação de desejos pios. Mas a razão pura é uma esfera tão isolada e tão completamente coesa em seu interior que não se pode tocar em nenhuma de suas partes sem perturbar todo o resto, nem ajustá-las sem que se tenha antes determinado para cada uma seu lugar e sua influência nas outras; pois, dado que não há nada fora dela que pudesse corrigir nosso juízo em seu interior, a validade e o uso de cada parte dependem da relação que ela mantém com as outras dentro da própria razão, e, como no caso da estrutura de um corpo organizado, o propósito de cada membro só pode ser derivado do conceito completo do todo. Por isso, pode-se dizer dessa crítica que ela só é confiável se estiver *inteiramente completa*, até os mínimos elementos da razão pura, e que, na esfera dessa faculdade, é *tudo* ou *nada* que se deve determinar e constituir. Mas se um mero plano que quisesse preceder a crítica da razão pura teria sido ininteligível, não confiável e inútil, ele é, ao contrário, tão mais útil ao vir depois dela. Pois com isso estaremos em condições de abarcar o todo, de testar um por um os principais pontos em questão nessa ciência, e organizar muitas coisas, na exposição, melhor do que seria possível na primeira redação do trabalho.

Eis aqui, então, esse plano subsequente ao trabalho completado, que agora pode ser exposto segundo o *método analítico*, já que o próprio trabalho tinha de ser inteiramente composto à *maneira sintética*, para que a ciência exiba todas as suas articulações, como a estrutura de uma faculdade muito especial de cognição, em sua conexão natural. Quem achar obscuro este próprio plano, que proponho como prolegômenos a qualquer metafísica futura, pode meditar que não é necessário que todos estudem

IV: 263

metafísica, que há muitos talentos que progridem muito bem em ciências fundamentais e mesmo profundas mais próximas da intuição, mas que não terão sucesso na investigação de conceitos puramente abstratos, e que, nesse caso, se deve aplicar os dons intelectuais a outro objeto; que todo aquele que se propõe a julgar ou até mesmo a construir uma metafísica deve, porém, satisfazer inteiramente as exigências aqui colocadas, seja para adotar minha solução, seja para oferecer-lhe uma sólida refutação e pôr outra em seu lugar – pois não é possível ignorá-la – e, finalmente, que a tão censurada obscuridade (um disfarce habitual para a própria indolência ou incapacidade) também é útil à sua maneira, já que todos os que guardam um cuidadoso silêncio em relação a todas as outras ciências, falam magistralmente e decidem com ousadia sobre questões de metafísica, porque aqui sua ignorância não é contrastada nitidamente com a ciência de outros, mas sim em relação a genuínos princípios críticos, dos quais, portanto, podemos nos orgulhar:

Ignavum, fucos, pecus a praesepibus arcent. (Virg.)
[Mantêm afastados das colmeias os zangãos, bando de indolentes.]
(Virgílio, *Georgicas*, IV, 168)

Prolegômenos. Retrospectiva do que é peculiar a toda cognição metafísica

§ I
Das fontes da metafísica

Quando se pretende apresentar uma cognição como *ciência*, é preciso, em primeiro lugar, poder determinar exatamente seu diferencial, aquilo que ela não tem em comum com nenhuma outra, e que lhe é, portanto, *peculiar*; caso contrário, as fronteiras de todas as ciências se interpenetram e nenhuma delas pode ser tratada metodicamente segundo sua natureza.

Quer essa peculiaridade consista na diferença do *objeto*, ou das *fontes da cognição*, ou mesmo do *tipo de cognição*, ou da conjunção de algumas se não de todas estas, é sobre ela que se fundamenta, primeiro, a ideia da ciência possível e seu território.

Em primeiro lugar, no que se refere às fontes de uma cognição metafísica, seu conceito já determina que elas não podem ser empíricas. Seus princípios (aos quais pertencem não apenas suas máximas, mas também seus conceitos básicos) não podem, portanto, ser tirados da experiência, pois é preciso que ela não seja uma cognição física, mas metafísica, isto é, situada além da experiência. Assim, nem a experiência exterior, que é a fonte da própria física, nem a interior, que constitui o fundamento da psicologia empírica, formam sua base. Ela é, portanto, cognição *a priori*, ou cognição que provém do puro entendimento e da pura razão.

Nisto, contudo, não há nada que a diferencie da matemática pura; ela teria de chamar-se, portanto, *cognição filosófica pura*; mas, para o significado dessa expressão, remeto à *Crítica da razão pura*,

p. 712 e seguintes, onde a diferença entre esses dois tipos de emprego da razão é apresentada de forma clara e suficiente. E basta quanto às fontes da cognição metafísica.

§ 2
Da única espécie de cognição que pode ser chamada metafísica

a) Da diferença entre juízos sintéticos e analíticos em geral

A cognição metafísica deve conter simplesmente juízos *a priori*, o que é exigido pela peculiaridade de suas fontes. Ora, por mais variadas que possam ser as origens dos juízos ou as maneiras pelas quais se articulam segundo sua forma lógica, existe ainda entre eles uma diferença quanto ao conteúdo, em virtude da qual eles são, ou simplesmente *explicativos* e nada acrescentam ao conteúdo da cognição, ou *ampliativos* e aumentam a cognição dada; os primeiros podem ser chamados *analíticos*, os segundos, *sintéticos*.

Juízos analíticos não dizem, no predicado, nada que já não estivesse efetivamente pensado no conceito do sujeito, ainda que não de forma tão clara e com igual consciência. Se digo que todos os corpos são extensos, não ampliei com isso minimamente meu conceito de corpo, mas apenas o decompus, pois a extensão estava efetivamente pensada naquele conceito já antes do juízo, embora não fosse mencionada de forma explícita; o juízo é, pois, analítico. Por outro lado, a proposição: alguns corpos são pesados contém no predicado algo que não está efetivamente pensado no conceito geral de corpo; ela amplia, portanto, minha cognição ao acrescentar algo a meu conceito, e deve, por isso, denominar-se um juízo sintético.

b) O princípio comum de todos os juízos analíticos é o princípio de contradição

Todos os juízos analíticos baseiam-se inteiramente no princípio de contradição e são, por sua natureza, cognições *a priori*, quer os conceitos que lhes servem de material sejam empíricos ou não. Pois como o predicado de um juízo analítico afirmativo já está de antemão pensado no conceito do sujeito, aquele não pode ser negado deste sem contradição; do mesmo modo, seu oposto, em um juízo analítico negativo, é necessariamente negado do sujeito, também de acordo com o princípio de contradição. É o que ocorre com as proposições: todo corpo é extenso, e: nenhum corpo é inextenso (simples).

Exatamente por isso, todas as proposições analíticas são juízos *a priori*, ainda que seus conceitos sejam empíricos, por exemplo, ouro é um metal amarelo, pois, para saber disso, não preciso de nenhuma experiência adicional a não ser meu conceito de ouro, que inclui que esse corpo é amarelo e é um metal, pois isso constitui precisamente meu conceito, e não preciso fazer nada senão decompô-lo, sem buscar algo além dele.

c) Juízos sintéticos exigem um princípio distinto do princípio de contradição
Há juízos sintéticos *a posteriori* cuja origem é empírica, mas também há aqueles que são conhecidos *a priori* e que brotam do puro entendimento e razão. Mas ambos coincidem em que jamais podem originar-se do princípio fundamental da análise, isto é, do princípio de contradição, mas exigem, além disso, um princípio inteiramente diferente, se bem que, seja qual for esse princípio, tenham sempre de ser derivados *em conformidade com o princípio de contradição*, pois nada pode contrariar esse princípio, mesmo que nem tudo possa derivar-se dele. Vou classificar, inicialmente, os juízos sintéticos.

1. *Juízos de experiência* são sempre sintéticos. Pois seria um disparate fundamentar um juízo analítico na experiência, já que não é preciso ir além de meu conceito para emitir o juízo, e para isso, portanto, não tenho necessidade de nenhum testemunho da experiência. Que um corpo é extenso é uma proposição que vale *a priori*, não um juízo de experiência. Pois, antes de passar à experiência, tenho todas as condições para emitir meu juízo já no conceito, do qual meramente extraio o predicado segundo o princípio de contradição, e isso me permite conhecer ao mesmo tempo a *necessidade* do juízo, algo que a experiência nunca me poderia ensinar.

2. *Juízos matemáticos* são, todos eles, sintéticos. Esta proposição parece ter, até agora, escapado inteiramente à observação dos

IV: 268

analistas da razão humana, e até mesmo opor-se a todas suas suposições, embora seja incontestavelmente certa e de grande importância devido às suas consequências. Pois, porque se descobriu que as conclusões dos matemáticos seguem-se todas do princípio de contradição (o que é exigido pela natureza de toda certeza apodítica), criou-se a convicção de que também suas proposições fundamentais seriam conhecidas a partir desse mesmo princípio, o que foi um grande erro; pois uma proposição sintética pode, é certo, ser apreendida a partir do princípio de contradição, mas apenas quando se pressupõe outra proposição sintética da qual ela decorre, nunca, porém, por si mesma.

Deve-se notar, antes de tudo, que proposições matemáticas genuínas são sempre juízos *a priori* e não empíricos, porque trazem consigo necessidade, algo que não pode ser obtido da experiência. Mas se isso não for aceito, muito bem, limito então meu enunciado à *matemática pura*, cujo próprio conceito já implica que contém apenas mera cognição pura, não empírica.

Poder-se-ia inicialmente pensar que a proposição $7 + 5 = 12$ seria uma simples proposição analítica, que se seguiria do conceito de uma soma de sete e cinco pelo princípio de contradição. Mas, observando-a de maneira mais detida, descobre-se que o conceito da soma de 7 e 5 não contém nada além da união dos dois números em um único, e com isso não se pensa minimamente qual seria esse número único que os reúne. O conceito de doze não está de modo algum já pensado quando penso simplesmente essa união de sete e cinco, e por mais que analise meu conceito dessa possível soma, não encontrarei ali o número doze. É preciso ir além desses conceitos, valendo-se do auxílio da intuição que corresponde a um deles, tal como nossos cinco dedos, ou cinco pontos (como Segner, em sua Aritmética), e adicionar sucessivamente as unidades do cinco dado na intuição ao conceito de sete. Desse modo ampliamos efetivamente nosso conceito por meio da proposição $7 + 5 = 12$ e acrescentamos ao primeiro conceito um novo que não estava absolutamente pensado nele, ou seja, a proposição aritmética é sempre sintética, o que se percebe mais nitidamente quando se tomam números maiores, pois então fica claro que, por mais que viremos e reviremos nosso conceito, sem o auxílio da intuição e apenas pela análise de nossos conceitos jamais poderíamos encontrar a soma.

Nenhuma proposição fundamental da geometria pura é, tampouco, analítica. Que a linha reta entre dois pontos é a mais curta é uma proposição sintética. Pois meu conceito de reta não contém nenhuma grandeza, mas apenas uma qualidade. O conceito de mais curto é, portanto, inteiramente acrescentado, e não pode ser obtido a partir do conceito de linha reta mediante nenhuma análise. Também aqui é necessário o auxílio da intuição e apenas por meio dela é possível a síntese.

Algumas outras proposições fundamentais admitidas pelos geômetras são, na verdade, efetivamente analíticas e baseiam-se no princípio de contradição, mas, enquanto proposições de identidade, servem apenas como elos na cadeia do método, e não como princípios, por exemplo, $a = a$, o todo é igual a si mesmo, e $(a + b) > a$, isto é, o todo é maior que sua parte. E, contudo, mesmo essas, ainda que válidas em virtude de simples conceitos, só são admitidas na matemática porque podem ser apresentadas na intuição. O que nos faz comumente acreditar que o predicado daquele juízo apodítico [que a linha reta entre dois pontos é a mais curta] já estaria contido em nosso conceito, e que o juízo seria, portanto, analítico, é simplesmente a ambiguidade da expressão. Pois *devemos* acrescentar certo predicado a um conceito dado, e essa necessidade prende-se ao próprio conceito. Mas a questão não é o que *devemos pensar* adicionalmente em relação ao conceito dado, mas o que nele *efetivamente pensamos*, ainda que de modo obscuro, e então fica evidente que o predicado de fato se liga necessariamente àqueles conceitos, mas não de maneira imediata, e sim por meio de uma intuição que também deve estar presente.*

O que é essencial e distintivo da pura cognição *matemática* em relação a todas as demais cognições *a priori* é que ela deve proceder inteiramente, *não a partir de conceitos*, mas sempre apenas

IV: 272

---

* Os cinco parágrafos seguintes estavam originalmente localizados na seção § 4 e foram trazidos para a presente posição na edição Vorländer. Ver Apresentação do Tradutor. [N.T.]

pela construção dos conceitos (*Crítica*, p. 713). Portanto, visto que ela deve, em suas proposições, avançar além do conceito e em direção ao que está contido na intuição que a ele corresponde, suas proposições tampouco podem ou devem originar-se da decomposição dos conceitos, isto é, analiticamente, e são, por conseguinte, todas elas sintéticas.

Não posso, porém, deixar de observar o dano trazido à filosofia ao se negligenciar esta observação, de resto fácil e aparentemente sem importância. Hume, ao sentir o chamado, digno de um filósofo, para lançar os olhos sobre todo o campo da pura cognição *a priori*, no qual o entendimento humano reivindica tamanhas possessões, irrefletidamente destacou dele toda uma província, e, na verdade, a mais considerável delas, isto é, a matemática pura, imaginando que sua natureza e, por assim dizer, sua constituição se baseavam em princípios muito diferentes, a saber, meramente no princípio de contradição; e, embora não tenha efetivamente feito uma classificação tão formal e universal das proposições como a que faço aqui, nem usado as mesmas denominações, foi exatamente como se houvesse dito que a matemática pura contém apenas proposições *analíticas*, e a metafísica, por sua vez, proposições sintéticas *a priori*. Ora, nisso ele cometeu um erro muito grave, que teve consequências decididamente danosas para sua inteira concepção. Pois, se isso não lhe tivesse acontecido, teria ampliado sua questão sobre a origem de nossos juízos sintéticos para muito além de seu conceito metafísico da causalidade, estendendo-o até a possibilidade da matemática *a priori*, pois teria de tomá-la igualmente como sintética. Nesse caso, porém, Hume de modo algum poderia fundar suas proposições metafísicas na mera experiência, porque nesse caso teria submetido igualmente à experiência os axiomas da pura matemática, algo que ele era demasiado sensato para fazer. A boa companhia em que a metafísica teria então ingressado tê-la-ia salvo dos perigos do maus-tratos desrespeitosos, pois os golpes destinados a esta teriam certamente atingido também aquela, o que não era e nem poderia ser a intenção do autor, e assim esse homem sagaz teria sido levado a considerações que se tornariam semelhantes às que agora nos ocupam, mas que teriam se beneficiado infinitamente da beleza inimitável de sua exposição.

3. Juízos *propriamente metafísicos* são todos sintéticos. É preciso distinguir entre os juízos *pertencentes à metafísica* e os juízos propriamente *metafísicos*. Entre os primeiros contam-se muitos juízos analíticos, mas estes constituem apenas o meio para os juízos metafísicos, para os quais o objetivo da ciência está inteiramente voltado e que são sempre sintéticos. Pois se um conceito, por exemplo, o de substância, pertence à metafísica, também pertencem necessariamente a ela os juízos que decorrem da mera decomposição desse conceito, por exemplo, substância é aquilo que só existe como sujeito, etc., e procuramos chegar, por meio de vários juízos analíticos desse tipo, à definição desses conceitos. Como, porém, a análise de um puro conceito do entendimento (tais como os contidos na metafísica) não procede de maneira diversa da decomposição de quaisquer outros conceitos, incluindo-se os empíricos, que não pertencem à metafísica (por exemplo, o ar é um fluido elástico, cuja elasticidade não é suprimida por nenhum grau conhecido de frio), o juízo analítico não é caracteristicamente metafísico, ainda que o conceito o seja; pois essa ciência tem algo de especial e peculiar a si própria no que respeita à produção de suas cognições *a priori*, que deve, portanto, ser distinguida do que ela tem em comum com todas as demais cognições do entendimento; assim, por exemplo, a proposição: tudo o que, nas coisas, é substância, persiste é uma proposição sintética e caracteristicamente metafísica.

Quando os conceitos *a priori* que constituem a matéria e os implementos da metafísica tiverem sido previamente coletados segundo certos princípios, a análise desses conceitos será de grande valia; e pode mesmo ser exposta, ela própria, como uma parte especial (como *philosophia definitiva*, por assim dizer), contendo apenas proposições analíticas pertencentes à metafísica, separadamente de todas as proposições sintéticas das quais a própria metafísica se compõe. Pois essas análises não têm, de fato, uma utilidade apreciável em lugar algum exceto na metafísica, isto é, tendo em vista as proposições sintéticas que devem ser geradas a partir desses conceitos previamente analisados.

IV: 274

A conclusão deste parágrafo, portanto, é que a metafísica tem a ver propriamente com proposições sintéticas *a priori*, e apenas estas constituem seu fim, e para isso ela requer muitas análises de seus conceitos, consequentemente, muitos juízos analíticos, nos quais, entretanto, o procedimento não difere do de qualquer outro tipo de cognição que procure apenas tornar mais nítidos nossos conceitos pela análise. Mas é a *produção* da cognição *a priori*, tanto a partir da intuição quanto de conceitos, e, por fim, também de proposições sintéticas *a priori*, especificamente na cognição filosófica, que faz o conteúdo essencial da metafísica.

§ 3
Observação sobre a classificação geral dos juízos em analíticos e sintéticos

Esta divisão é indispensável à crítica do entendimento humano e nela merece, por conseguinte, ser *clássica*, mas, fora dali, eu não saberia dizer se há algum outro lugar em que tivesse uma utilidade apreciável. E aqui também descubro a razão pela qual filósofos dogmáticos, que sempre procuraram as fontes dos juízos metafísicos apenas na própria metafísica, mas não fora dela, nas leis puras da razão em geral, negligenciaram esta divisão, que se impõe, aparentemente, por si mesma, e, como o célebre Wolff ou seu arguto seguidor Baumgarten, chegaram a buscar a prova do princípio de razão suficiente, que é obviamente sintético, no princípio de contradição. Por outro lado, descubro já nos ensaios de Locke sobre o entendimento humano uma indicação dessa divisão. Pois, no quarto livro, terceiro capítulo, § 9 e seguintes, após já ter falado dos diferentes modos de combinar representações em juízos e de suas fontes, uma das quais ele localizou na identidade ou na contradição (juízos analíticos), e outra na existência de representações em um sujeito (juízos sintéticos), admite em § 10 que nossa cognição (*a priori*) destes últimos é muito limitada e se reduz a quase nada. Mas tudo que ele diz sobre esse tipo de cognição é tão indefinido e irregular que não é de admirar que ninguém, particularmente nem mesmo

Hume, tenha sido levado a considerar proposições desse tipo. Pois tais princípios universais mas determinados não se aprendem facilmente de outros autores que apenas os contemplaram obscuramente. É preciso, antes, ter chegado a eles por sua própria reflexão, e a partir daí se pode encontrá-los também em outras partes, onde certamente não seriam antes encontrados porque os próprios autores nem sequer sabiam que suas próprias observações tinham como base tal ideia. Aqueles que nunca pensam por si mesmos possuem, não obstante, a perspicácia de descobrir tudo depois que lhes foi mostrado naquilo que já tinha sido dito, onde, entretanto, ninguém antes podia ver.

A questão geral dos Prolegômenos. É afinal possível a metafísica?

§ 4

Se uma metafísica capaz de afirmar-se como ciência fosse real, se alguém pudesse dizer: eis aqui a metafísica, basta que vocês a aprendam e estarão convencidos de sua verdade de forma irresistível e irrefutável, então a pergunta acima seria desnecessária, e a única questão restante, a saber: *como ela é possível*, e como a razão deveria proceder para alcançá-la, diria respeito mais a uma prova de nossa sagacidade do que à demonstração da existência do próprio objeto de estudo. Ora, nesse caso, as coisas não correram tão bem para a razão humana. Não há um único livro que se possa apontar, como se exibe um exemplar de Euclides, e dizer: isto é metafísica, aqui vocês encontram o fim mais elevado dessa ciência, o conhecimento de um ser supremo e de um mundo futuro, provados a partir de princípios da razão pura. Pois se pode, é verdade, exibir muitas proposições que são apoditicamente certas e que nunca foram contestadas, mas elas são todas analíticas e referem-se mais aos materiais e implementos da metafísica do que à ampliação do conhecimento, que deveria, contudo, ser nosso verdadeiro propósito com ela (§ 2 c). Mas mesmo que vocês também apresentem proposições sintéticas (por exemplo, o princípio de razão suficiente) que nunca provaram pela mera razão e, consequentemente, *a priori*, como seria de fato sua obrigação, mas que lhes são concedidas de bom grado, as asserções a que vocês são conduzidos quando querem empregá-las para seu objetivo principal são tão ilícitas e precárias que, em todos os tempos, uma metafísica sempre contradisse a outra ou com relação às próprias asserções, ou às suas provas, destruindo com isso sua pretensão a uma aprovação duradoura. As próprias tentativas de tornar real essa ciência foram sem dúvida a primeira causa do ceticismo que tão cedo eclodiu; um modo de pensar em que a razão atua contra si própria com tal violência que não poderia ter surgido senão pelo completo desespero quanto à satisfação de seus objetivos mais importantes. Pois, muito antes que se tenha começado a questionar metodicamente a natureza, questionava-se apenas a razão isolada, que já se exercitava em certa medida através da experiência comum, porque a razão está sempre presente, ao passo que as leis da natureza devem normalmente ser buscadas com grande esforço; assim, a metafísica flutuava na superfície como espuma, de modo que, tão logo se desfazia o que fora criado, mais dela surgia à tona, sendo às pressas recolhida por alguns com avidez, enquanto outros, em vez de procurarem nas profundezas a causa desse fenômeno, consideravam-se sábios por zombar dos infrutíferos esforços dos primeiros.*

Cansados, assim, do dogmatismo que nada nos ensina e também do ceticismo que não nos promete absolutamente nada, nem mesmo a tranquilidade de uma permitida ignorância, exortados pela importância do conhecimento de que necessitamos e desconfiados, por obra de uma longa experiência, de todo aquele que acreditamos possuir ou que nos é oferecido sob o título da razão pura, resta-nos uma única questão crítica, cuja resposta pode regular nossa conduta futura: *É, afinal, possível a metafísica?* Mas tal questão não deve ser respondida por objeções céticas a asserções determinadas de uma metafísica existente (pois ainda não aceitamos nenhuma como válida), mas a partir do conceito ainda *problemático* de tal ciência.

Pretendi, na *Crítica da razão pura*, trabalhar essa questão *sinteticamente*, a saber, investigando dentro da própria razão pura e buscando determinar no interior dessa fonte tanto os elementos como as leis de seu uso puro, segundo princípios. Esse trabalho é difícil e requer um leitor resoluto para penetrar, pelo

---

* Aqui se situavam originalmente os cinco parágrafos remanejados para a § 2 na edição Vorländer. Ver Apresentação do Tradutor. [N.T.]

pensamento, gradualmente em um sistema que não toma como dado nenhum fundamento exceto a própria razão, e que busca, portanto, desenvolver a cognição a partir de seus germens originais, sem apoiar-se em qualquer fato. Os *Prolegômenos*, pelo contrário, devem ser apenas exercícios preparatórios e indicar, antes, o que deve ser feito para dar, se possível, existência a uma ciência, do que propriamente expor essa ciência. Eles devem, portanto, apoiar-se em algo que já se tem por confiável, a partir de que se possa avançar com confiança e ascender a fontes ainda desconhecidas e cuja descoberta irá não apenas esclarecer o que já se sabia, mas também expor um domínio formado por muitas cognições que brotam, todas, dessas mesmas fontes. O procedimento metodológico dos prolegômenos, principalmente daqueles que devem preparar para uma metafísica futura, serão, portanto, *analíticos*.

IV: 275

Ocorre, felizmente, que, embora não possamos assumir que a metafísica como ciência seja *real*, podemos dizer com confiança que existe de fato uma cognição pura sintética dada *a priori*, a saber, a *matemática pura* e a *ciência pura da natureza*, pois ambas contêm proposições que são aceitas de forma plena, em parte como apoditicamente certas, por meio da mera razão, em parte por seu acordo universal com a experiência, ainda que independentes desta. Temos, portanto, ao menos alguma cognição sintética *a priori* que é *incontestada*, e não precisamos perguntar se ela é possível (já que ela é real), mas apenas: *como ela é possível*, para sermos capazes de derivar, do princípio da possibilidade dessa cognição dada, também a possibilidade de todas as demais.

Prolegômenos.
Questão geral.
Como é possível uma cognição pela razão pura?

§ 5

Vimos acima a imensa diferença entre juízos analíticos e sintéticos. Pudemos compreender muito facilmente a possibilidade de proposições analíticas, pois esta se funda apenas no princípio de contradição. A possibilidade de proposições sintéticas *a posteriori*, isto é, daquelas que são obtidas da experiência, também não exigiu nenhuma explicação especial, pois a própria experiência não é senão uma contínua conjunção (síntese) de percepções. Restam-nos, portanto, apenas proposições sintéticas *a priori*, cuja possibilidade deve ser buscada ou investigada, porque deve basear-se em princípios distintos do princípio de contradição.

Aqui, contudo, não temos primeiramente de buscar a *possibilidade* de tais proposições, isto é, perguntar se elas são possíveis. Pois há um número suficiente delas realmente dadas e, na verdade, de certeza indiscutível e como o método que agora estamos seguindo deve ser analítico, vamos partir do fato de que essa cognição sintética, embora puramente racional, é real; em seguida, porém, devemos *investigar* o fundamento dessa possibilidade e perguntar: *como* essa cognição é possível, de modo a ficarmos em condição de determinar, a partir dos princípios de sua possibilidade, as condições de seu uso, sua extensão e suas fronteiras. Assim, expresso com precisão escolástica, o verdadeiro problema em torno do qual tudo gira é:

Como são possíveis proposições sintéticas a priori*?*

IV: 276

Em prol da popularidade, formulei acima esse problema de forma algo diferente, a saber, como uma questão sobre a cognição a partir da pura razão, o que eu poderia ter feito igualmente bem nesta ocasião sem prejuízo para a desejada compreensibilidade, porque, como se trata aqui apenas de metafísica e suas fontes, sempre se recordará, espero, segundo as indicações precedentes, que quando falamos aqui de cognição a partir da pura razão, jamais estaremos falando da cognição analítica, mas apenas da sintética.[3]

Ora, depende inteiramente da solução desse problema que a metafísica se ponha de pé ou tombe por terra, e, portanto, sua própria existência. Por maior que seja o brilho com que alguém apresente suas asserções sobre o assunto, empilhando esmagadoramente conclusão sobre conclusão, se não conseguir antes responder de forma satisfatória aquela questão, então estarei certo em dizer: tudo isso é filosofia vã e infundada, e falsa sabedoria. Você fala por meio da razão pura e pretende, por assim dizer, criar cognições *a priori* não apenas analisando conceitos dados, mas alegando novas conexões que não estão baseadas no princípio de contradição e que você não obstante supõe entender de forma inteiramente independente de toda experiência; mas como você chegou a tudo isso, e como pretende justificar tais pretensões? Não lhe é permitido invocar a concordância do senso comum, pois esse é um testemunho cuja reputação se apoia apenas no rumor público: *Quodcumque ostendis mihi sic, incredulus odi*.

---

3. É impossível evitar, quando o conhecimento avança gradualmente, que certas expressões já tornadas clássicas, presentes desde a infância da ciência, sejam subsequentemente julgadas insuficientes e pouco adequadas, e um uso mais novo e apropriado corra algum perigo de ser confundido com o anterior. O método analítico, na medida em que se opõe ao sintético, é algo completamente diferente de uma coleção de proposições analíticas; ele significa apenas que se parte daquilo que é buscado como se estivesse dado, e ascende-se às condições que são as únicas sob as quais é possível. Nesse método, frequentemente empregam-se apenas proposições sintéticas, como exemplifica a análise matemática, e ele poderia ser mais propriamente denominado *método regressivo*, para distingui-lo do método sintético ou *progressivo*. O nome analítico ocorre também em uma das principais divisões da Lógica, e é, ali, a lógica da verdade, opondo-se à dialética, sem que efetivamente se observe se as cognições que a ela pertencem são analíticas ou sintéticas.

(Hor.) [Tudo que assim me mostras deixa-me incrédulo e me desgosta. Horácio, *Epístolas* II, 3, 188.]

Por mais indispensável que seja responder a essa questão, fazê-lo é igualmente difícil, e embora a principal razão pela qual não se tenha buscado a resposta há mais tempo decorra do fato de que jamais ocorrera a alguém que tal coisa pudesse ser perguntada, uma segunda razão para isso é que uma resposta satisfatória a essa questão requer uma reflexão mais assídua, profunda e trabalhosa que a do mais prolixo tratado de metafísica que, desde sua primeira aparição, tenha prometido imortalidade a seu autor. Assim, todo leitor perspicaz, ao ponderar cuidadosamente o que essa tarefa exige, e assustado de início pela dificuldade, deve considerá-lo insolúvel e até mesmo completamente impossível, caso não existissem de fato aquelas cognições sintéticas puras *a priori*; e foi isso efetivamente o que ocorreu a David Hume, embora ele de fato estivesse longe de considerar a questão em toda sua generalidade como aqui se faz e deve ser feito a fim de que a resposta seja decisiva para toda a metafísica. Pois, como é possível, disse aquele homem arguto, que, ao ser-me dado um conceito, eu consiga ir além dele e conectar-lhe outro que não está de modo algum contido naquele, como se o último, na verdade, pertencesse *necessariamente* ao primeiro? Só a experiência pode nos fornecer essas conexões (assim ele concluiu a partir dessa dificuldade, que tomou por uma impossibilidade), e toda essa suposta necessidade, ou, o que é o mesmo, essa cognição *a priori* tomada por necessária, nada mais é que um velho hábito de achar que algo é verdadeiro e, consequentemente, tomar a necessidade subjetiva por objetiva.

Se o leitor se queixa da fadiga e do trabalho que lhe vou impor com a solução desse problema, poderia simplesmente tentar resolvê-lo de maneira mais fácil por conta própria. Talvez se sinta, então, agradecido àquele que assumiu por ele o trabalho de uma investigação tão profunda, e até chegue a expressar alguma surpresa pela facilidade, levando em conta a natureza do assunto, com que a solução ainda pôde ser dada; mesmo que tenha custado anos de labuta resolver esse problema em sua plena generalidade (da maneira como os matemáticos entendem essa palavra, a saber, como suficiente para todos os casos) e também

IV: 278

poder finalmente apresentá-la na forma analítica, como o leitor aqui a encontrará.

Em consequência, todos os metafísicos estão solene e legalmente suspensos de suas ocupações até que tenham respondido satisfatoriamente a questão: *Como são possíveis cognições sintéticas a priori?* Pois apenas nessa resposta reside a credencial que devem apresentar caso tenham algo a nos adiantar em nome da pura razão; na falta da qual, contudo, não podem senão esperar que pessoas razoáveis, que já foram iludidas tantas vezes, rejeitem suas ofertas sem nenhuma investigação adicional.

Se, por sua vez, quiserem exercer sua ocupação não como uma *ciência*, mas como uma *arte* de saudáveis persuasões adequadas ao senso comum, esse ofício não pode, com justiça, lhes ser vedado. Usarão então a modesta linguagem da crença razoável, reconhecerão que não lhes é permitido sequer *conjecturar*, e menos ainda *saber* algo sobre o que ultrapassa as fronteiras de toda experiência possível, mas apenas *assumir* (não para o uso especulativo, pois devem renunciar a este, mas apenas para o uso prático) o que é possível e mesmo indispensável para a condução do entendimento e da vontade na vida. Só assim poderão levar o nome de homens úteis e sábios, e tanto mais quanto mais renunciarem ao de metafísicos, pois estes pretendem ser filósofos especulativos, e dado que não se pode aspirar a insípidas probabilidades quando estão em jogo juízos *a priori* (pois o que se alega conhecer *a priori* já é desse modo anunciado como necessário), não se pode permitir a eles que joguem com conjecturas, mas o que afirmam deve ser ciência, ou não é absolutamente nada.

Pode-se dizer que toda a filosofia transcendental, que precede necessariamente qualquer metafísica, não é, ela própria, nada mais que a solução completa da questão aqui proposta, embora apresentada em ordem sistemática e com todos os detalhes, e que, portanto, não existiu até agora nenhuma filosofia transcendental. Pois o que recebe comumente esse nome é, na verdade, uma parte da metafísica; no entanto, a possibilidade da metafísica tem de ser em primeiro lugar estabelecida por aquela ciência, que deve, pois, precedê-la. Assim, se se faz necessária uma ciência absolutamente desprovida da assistência de todas as demais e, portanto, completamente nova, para responder de forma adequada uma única questão, não é de espantar que essa solução esteja envolvida em problemas e dificuldades, e mesmo em alguma obscuridade.

Ao caminharmos agora para essa solução de acordo com o método analítico, no qual pressupomos que tais cognições a partir da pura razão realmente existem, podemos apelar apenas para duas *ciências* que comportam cognição teórica (a única aqui discutida), a saber, a *matemática pura* e a *ciência pura da natureza*, pois só estas nos podem apresentar os objetos na intuição e com isso, caso contenham uma cognição *a priori*, mostrar-nos sua verdade ou correspondência com o objeto *in concreto*, isto é, *sua realidade*, da qual se pode, então, proceder pela via analítica até o fundamento de sua possibilidade. Isso facilita muito o trabalho, no qual considerações gerais são não apenas aplicadas aos fatos, mas até mesmo partem deles, em vez de, como no procedimento sintético, terem de ser derivadas inteiramente *in abstracto* a partir de conceitos.

Mas, para ascender a partir dessas puras cognições *a priori* reais e bem fundamentadas até uma possível cognição que procuramos, a saber, uma metafísica como ciência, precisamos incluir, em nossa questão principal, aquilo que lhe dá origem e que subjaz a ela como cognição *a priori* dada de maneira puramente natural, embora não insuspeita quanto a sua veracidade, uma cognição cuja elaboração sem nenhuma investigação crítica de sua possibilidade já é chamada comumente metafísica, em uma palavra, a disposição natural para tal ciência, e, assim, a questão transcendental principal, dividida em quatro outras questões, será respondida passo a passo:

IV: 280

1. *Como é possível a matemática pura?*
2. *Como é possível a ciência pura da natureza?*
3. *Como é possível a metafísica em geral?*
4. *Como é possível a metafísica como ciência?*

Vê-se que a solução desses problemas, embora deva principalmente apresentar o conteúdo essencial da Crítica, também possui algo de distintivo e por si só digno de atenção, a saber, buscar na própria razão as fontes das ciências dadas, para, desse modo, por meio de seu próprio ato, investigar e mensurar seu poder de conhecer algo *a priori*, com o que essas próprias ciências então se beneficiam, se não com respeito a seu conteúdo, ao menos no que se refere a seu emprego correto, e, ao lançar luz sobre uma questão mais elevada concernente a sua origem comum, proveem ao mesmo tempo oportunidade para esclarecer melhor sua própria natureza.

Primeira parte da questão transcendental principal. Como é possível a matemática pura?

§ 6

Temos aqui um vasto e bem comprovado domínio de cognições, cujo âmbito, hoje, já é digno de admiração e que promete, para o futuro, uma expansão ilimitada; ele traz consigo uma certeza inteiramente apodítica, ou seja, necessidade absoluta, e não tem, portanto, seu fundamento na experiência, é um puro produto da razão e além disso é inteiramente sintético. "Como é possível para a razão humana produzir uma cognição como essa inteiramente *a priori*?" Não pressupõe essa faculdade, que não é nem pode ser baseada na experiência, algum fundamento *a priori* de cognição que jaz profundamente oculto, mas que poderia revelar-se por esses seus efeitos se rastreássemos de modo diligente seus primeiros inícios?

§ 7

IV: 281

Vemos, porém, que toda cognição matemática tem esta peculiaridade: deve primeiramente exibir seu conceito na *intuição*, e na verdade de maneira *a priori*; assim, deve exibi-lo em uma intuição que não é empírica, mas pura, e sem esse meio não pode dar um único passo. Assim, seus juízos são sempre *intuitivos*, ao passo que a filosofia deve satisfazer-se com juízos *discursivos a partir de simples conceitos*, e, embora possa ilustrar suas doutrinas apodíticas pela intuição, jamais pode derivá-las dela. Ora, essa observação com respeito à natureza da matemática já nos dá uma indicação da primeira e mais alta condição de sua possibilidade, a saber, ela deve ter como seu fundamento *alguma intuição pura* na qual possa representar todos seus conceitos *in concreto* e ainda assim *a priori*, ou, como se diz, *construí-los*.[4] Se pudermos descobrir essa intuição pura e sua possibilidade, será fácil explicar daí como são possíveis proposições sintéticas *a priori* na matemática pura, e também como essa própria ciência é possível; pois, do mesmo modo que a intuição empírica torna possível sem dificuldade que o conceito que fazemos de um objeto da intuição seja ampliado sinteticamente na experiência por novos predicados que a própria intuição oferece, a intuição pura fará o mesmo, apenas com a diferença que, neste último caso, o juízo sintético será *a priori* certo e apodítico, enquanto no primeiro será certo apenas *a posteriori* e empiricamente, pois contém apenas o que se encontra na intuição empírica contingente, ao passo que o último contém aquilo que deve necessariamente encontrar-se na intuição pura, na medida em que esta, como intuição *a priori*, está ligada de modo inseparável ao conceito *antes de toda experiência* ou percepção particular.

§ 8

Mas a dificuldade parece, com esse passo, antes aumentar que diminuir. Pois agora a questão se põe nos seguintes termos: *como é possível intuir alguma coisa* a priori? Intuição é uma representação tal que dependeria imediatamente da presença do objeto. Assim, parece impossível intuir *originalmente* alguma coisa *a priori*, porque a intuição deveria então ter lugar sem que esteja presente, nem antes nem agora, um objeto ao qual ela pudesse se referir, e, portanto, não poderia ser uma intuição. Conceitos, é verdade, são de natureza tal que podemos muito bem formar alguns deles *a priori*, a saber, conceitos que contêm apenas o pensamento de um objeto em geral, sem estarmos em relação direta com o objeto, por exemplo, o conceito de quantidade, de causa, etc., mas

---

4. Ver *Crítica*, p. 713 [A713/B741]

mesmo estes necessitam, para provê-los de significado e sentido, de um determinado uso *in concreto*, isto é, aplicação a alguma intuição pela qual um objeto desses conceitos nos seja dado. Mas como pode a *intuição* do objeto vir antes do próprio objeto?

§ 9

Se nossa intuição tivesse de ser de tal natureza que representasse coisas *tal como são em si mesmas*, nenhuma intuição *a priori* poderia ter lugar, e todas seriam sempre empíricas. Pois só posso saber o que está contido no próprio objeto se este estiver presente e dado a mim. É claro que continua inconcebível como a intuição de uma coisa presente me faça conhecê-la como é em si mesma, pois suas propriedades não podem migrar para dentro de minha faculdade de representação; mas, mesmo concedendo essa possibilidade, tal intuição não teria lugar *a priori*, isto é, antes que o objeto me fosse apresentado, pois sem isso não se pode conceber nenhum fundamento da relação entre ele e minha representação, que deveria por isso estar baseada em inspiração. Só há, assim, uma única maneira pela qual é possível que minha intuição preceda a presença real do objeto e tenha lugar como cognição *a priori*, a saber: *se ela não contém nada mais que a forma da sensibilidade, que em mim, enquanto sujeito, precede todas as impressões reais com que sou afetado por objetos*. Pois eu posso saber *a priori* que objetos dos sentidos só podem ser intuídos de acordo com essa forma da sensibilidade. Disso se segue que proposições que dizem respeito somente a essa forma da intuição sensorial serão possíveis e válidas para objetos dos sentidos, e igualmente a recíproca: intuições que são possíveis *a priori* não podem jamais dizer respeito a outras coisas além dos objetos de nossos sentidos.

§ 10

Assim, é apenas por meio da forma da intuição sensorial que podemos intuir coisas *a priori*, mas por esse meio podemos apenas conhecer objetos tal como eles podem *aparecer* para nós (para nossos sentidos), e não como podem ser em si mesmos, e essa pressuposição é absolutamente necessária se quisermos garantir que proposições sintéticas *a priori* são possíveis ou, no caso de efetivamente serem encontradas, que sua possibilidade seja concebida e determinada de antemão.

Ora, espaço e tempo são as intuições que a matemática toma por fundamento de todas as suas cognições e juízos que se apresentam ao mesmo tempo como apodíticos e necessários; pois a matemática deve primeiramente exibir todos os seus conceitos na intuição, e a matemática pura deve exibi-los na intuição pura, isto é, construí-los, sem o que (como ela não pode proceder analiticamente, a saber, por decomposição de conceitos, mas apenas sinteticamente) lhe é impossível dar um único passo, enquanto lhe faltar a intuição pura, pois apenas nesta o material para juízos sintéticos *a priori* pode ser dado. A geometria toma como fundamento a intuição pura do espaço. A própria aritmética forma seus conceitos numéricos por adição sucessiva das unidades no tempo, mas especialmente a mecânica pura só pode formar seus conceitos de movimento por meio da representação do tempo. Ambas as representações, contudo, são apenas intuições, pois se retirarmos das intuições empíricas dos corpos e suas alterações (movimento) tudo o que é empírico, a saber, o que pertence à sensação, restam ainda espaço e tempo, que são, portanto, intuições puras nas quais as intuições empíricas se fundam *a priori* e por isso não podem ser retiradas, mas, precisamente por serem intuições puras *a priori*, provam que são meras formas da nossa sensibilidade, que devem preceder toda intuição empírica, isto é, percepção de objetos reais, e em conformidade com as quais objetos podem ser conhecidos *a priori*, embora, é certo, apenas como aparecem para nós.

§ 11

O problema da presente seção está, pois, solucionado. A matemática pura, enquanto cognição sintética *a priori*, só é possível porque não se refere a nada mais que meros objetos dos sentidos, cuja intuição empírica está *a priori* fundada em uma intuição pura (do espaço e do tempo), e pode fundar-se desse modo porque não é senão a mera forma da sensibilidade que precede o aparecimento real de objetos, na medida em que ela é o que, em primeiro lugar, o torna possível. Contudo, essa faculdade de intuir *a priori* não diz respeito à matéria do aparecimento, isto é, àquilo que nele é sensação, pois esta constitui o empírico, mas apenas à sua forma, espaço e tempo. Se houvesse a menor dúvida de que ambas são determinações que pertencem não às coisas em si mesmas, mas somente à relação destas com a sensibilidade, então eu gostaria de saber como se pode achar que é possível conhecer *a priori* e, portanto, antes de qualquer contato com as coisas, antes que nos sejam dadas, como devem estar constituídas suas intuições, o que, no entanto, ocorre aqui com espaço e tempo. Mas isso se compreende bem tão logo se tomem ambos como nada mais que condições formais de nossa sensibilidade, e os objetos apenas como aparecimentos, pois então a forma do aparecimento, isto é, a intuição pura, pode sem dúvida ser representada a partir de nós mesmos, isto é, *a priori*.

IV: 284

§ 12

Para acrescentar algo a título de elucidação e confirmação, basta mirar o procedimento costumeiro e inevitavelmente necessário dos geômetras. Todas as provas da completa igualdade de duas figuras dadas (quando uma pode ser posta no lugar da outra em todas as partes) redundam finalmente nisto: que se recobrem uma à outra, o que obviamente não é senão uma proposição sintética apoiada na intuição imediata; e essa intuição deve ser dada de forma pura e *a priori*, pois de outro modo a proposição não valeria como apoditicamente certa, tendo apenas certeza empírica. Apenas diria: observa-se isso sempre, e a proposição vale somente até onde nossa percepção se estendeu. Que o espaço integral (que não é mais, ele próprio, a fronteira de outro espaço) tem três dimensões, e que o espaço em geral não pode ter mais do que isso, baseia-se na proposição de que em um ponto não mais de três linhas podem interceptar-se em ângulos retos; essa proposição, entretanto, não pode de modo nenhum ser demonstrada a partir de conceitos, mas apoia-se de imediato na intuição, e, de fato, na intuição pura *a priori*, visto que é apoditicamente certa; que se possa requerer que uma linha deva ser traçada ao infinito (*in indefinitum*), ou que uma série de alterações (por exemplo, espaços percorridos por meio de movimento) deva ser prolongada ao infinito, pressupõe uma representação do espaço e do tempo que, na medida em que, em si mesma, não faz fronteira com nada, só pode apoiar-se na intuição, pois jamais poderia ser inferida de conceitos. Assim, a matemática está realmente fundada em intuições puras *a priori*, o que torna possíveis suas proposições sintéticas e apoditicamente válidas; e, por isso, nossa dedução transcendental dos conceitos de espaço e tempo explica também a possibilidade de uma matemática pura, uma possibilidade que, sem essa dedução e sem assumir que "tudo que pode ser dado a nossos sentidos (aos sentidos externos no espaço e ao sentido interno no tempo) é intuído por nós apenas da maneira como nos aparece, não como é em si mesmo", poderia, é verdade, ser admitida mas de modo algum compreendida.

§ 13

Todos aqueles ainda incapazes de abandonar a concepção de que espaço e tempo seriam qualidades reais, ligadas às coisas em si mesmas, podem exercer sua argúcia no seguinte paradoxo e, quando tiverem em vão procurado resolvê-lo, livres então de preconceitos ao menos por alguns momentos, supor que o rebaixamento do espaço e do tempo a meras formas de nossa intuição sensorial possa, talvez, ter fundamento

Se duas coisas são exatamente as mesmas em todas as partes que se pode conhecer de cada uma em si própria (em todas as determinações relativas a grandeza e qualidade), deve seguir-se que uma pode ser colocada no lugar da outra em todos os casos e sob todos os aspectos, sem que essa mudança produza a mínima diferença reconhecível. De fato, é isso que sucede com as figuras planas na geometria; mas várias figuras esféricas mostram, apesar dessa completa concordância interna, uma diferença na relação externa tal que uma não pode, de modo algum, ser posta no lugar da outra, por exemplo, dois triângulos esféricos, situados um em cada hemisfério e tendo um arco do equador como sua base comum, podem ser completamente iguais quanto a seus lados e ângulos, de modo que em nenhum deles, quando descrito de forma isolada e completa, se encontre algo que também não apareça na descrição do outro, e, contudo, um não pode ser colocado no lugar do outro (a saber, no hemisfério oposto); portanto, há aqui, afinal, uma diferença *intrínseca* entre os dois triângulos que nenhum entendimento pode afirmar como sendo interna, e que só se revela por meio da relação exterior no espaço. Mas vou citar casos mais comuns, que podem ser encontrados na vida ordinária.

IV: 286

Que pode ser mais semelhante à minha mão ou minha orelha, e mais igual em todas as suas partes que sua imagem no espelho? E, no entanto, não posso colocar essa mão tal como vista no espelho no lugar de seu original, pois se este era uma mão direita, aquela no espelho é uma mão esquerda, e a imagem da orelha direita é uma orelha esquerda que de nenhum modo pode substituir-se à primeira. Ora, não há aqui quaisquer diferenças intrínsecas que o entendimento pudesse chegar a pensar, e, contudo, as diferenças são internas, tanto quanto mostram os sentidos, pois a mão esquerda não pode dispor-se nos mesmos contornos que a primeira (não podem ser feitas congruentes), apesar de toda igualdade e semelhança recíprocas; a luva de uma mão não pode ser usada na outra. Qual é então a solução? Esses objetos não são representações das coisas tais como são em si mesmas e tais como o puro entendimento as conheceria, mas intuições sensoriais, isto é, aparecimentos, cuja possibilidade repousa na relação entre certas coisas, em si mesmas desconhecidas, e algo mais, a saber, nossa sensibilidade. Ora, o espaço é a forma da intuição externa dessa sensibilidade, e a determinação interna de qualquer espaço só é possível pela determinação de sua relação externa com o espaço como um todo do qual ele é parte (com relação ao sentido externo), isto é, a parte só é possível através do todo, o que nunca ocorre com as coisas em si mesmas enquanto objetos do mero entendimento, mas pode muito bem ocorrer com simples aparecimentos. Por isso não podemos tornar inteligível a diferença entre coisas similares e iguais, mas incongruentes (por exemplo, duas hélices torcidas em direções opostas), mediante nenhum conceito, mas apenas pela relação com a mão esquerda e direita, que se refere imediatamente à intuição.

Observação I

A matemática pura e sobretudo a geometria pura só podem ter realidade objetiva sob a condição de que se refiram simplesmente a objetos dos sentidos, para os quais vale o seguinte princípio: nossa representação sensorial não é de modo algum uma representação das coisas em si mesmas, mas apenas do modo pelo qual nos aparecem. Disso se segue que as proposições da geometria não são determinações de uma mera criação de nossa imaginação poética, que não poderiam, portanto, referir-se com segurança a objetos reais, mas valem necessariamente para o espaço e, consequentemente, para tudo que nele se pode encontrar, porque o espaço nada mais é que a forma de todos os aparecimentos externos, e apenas sob essa forma os objetos dos sentidos nos podem ser dados. A sensibilidade, cuja forma está na base da geometria, é aquilo em que repousa a possibilidade de aparecimentos externos; por isso estes jamais podem conter algo além do que a geometria lhes prescreve. Seria completamente diferente se os sentidos tivessem que representar os objetos tal como são em si mesmos. Pois então, da representação do espaço que, com suas variadas propriedades, serve de fundamento *a priori* para o geômetra, não se seguiria absolutamente que tudo isso, juntamente com o que daí se infere, deveria se comportar exatamente assim na natureza. O espaço do geômetra seria considerado uma pura invenção e não se lhe atribuiria nenhuma validade objetiva, porque não se pode ver de modo algum como as coisas deveriam concordar necessariamente com a imagem que delas fazemos a partir de nós mesmos e de antemão. Mas, se essa imagem, ou, antes, se essa intuição formal é a propriedade essencial de nossa sensibilidade, unicamente por meio da qual objetos nos são dados, e se essa sensibilidade não representa coisas em si mesmas, mas apenas seus aparecimentos, então é bem fácil conceber e ao mesmo tempo provar de modo irrefutável que todos os objetos externos de nosso mundo dos sentidos devem necessariamente concordar em toda exatidão com as proposições da geometria, pois é a própria sensibilidade, por sua forma de intuição externa (espaço) com a qual se ocupa o geômetra, que, em primeiro lugar, torna esses objetos possíveis como simples aparecimentos. Permanecerá sempre um notável fenômeno na história da filosofia que tenha havido um tempo em que até mesmo matemáticos, que também eram filósofos, começaram a duvidar não da correção de suas proposições geométricas, na medida em que se referem meramente ao espaço, mas da validade objetiva e aplicabilidade à natureza desse próprio conceito e de todas as suas determinações geométricas; pois receavam que uma linha na natureza pudesse muito bem estar constituída de pontos físicos e, por consequência, que o verdadeiro espaço no objeto poderia consistir de partes simples, embora o espaço pensado pelo geômetra não possa absolutamente ser assim constituído. Não reconheceram que é esse espaço no pensamento que torna possível o próprio espaço físico, isto é, a extensão da matéria; que ele não é de modo algum uma qualidade das coisas em si mesmas, mas apenas uma forma de nossa faculdade de representação sensorial; que todos os objetos no espaço são simples aparecimentos, isto é, não são coisas em si mesmas, mas representações de nossa intuição sensorial, e, visto que o espaço, tal como o geômetra o pensa, é exatamente a forma de intuição sensorial que encontramos em nós *a priori* e que contém o fundamento da possibilidade de todos os aparecimentos externos (segundo a sua forma), estes devem concordar necessariamente e com a máxima precisão com as proposições do geômetra, que ele não extrai de conceitos fictícios, mas do fundamento subjetivo de todos os aparecimentos externos, a saber, da própria sensibilidade. É assim, e de nenhuma outra maneira, que o geômetra pode assegurar-se da realidade objetiva indubitável de suas proposições contra todos

IV: 288

os ardis de uma metafísica superficial, por mais estranho que elas possam parecer a tal metafísica, porque ela não as retraçou até a fonte de seus conceitos.

Observação II

Tudo o que nos pode ser dado como objeto deve ser dado a nós na intuição. Mas toda nossa intuição só ocorre por meio dos sentidos; o entendimento não intui nada, mas apenas reflete. Visto que os sentidos, como se demonstrou, nunca e em nenhum caso particular nos dão a conhecer as coisas em si mesmas, mas apenas seus aparecimentos, e como estes são meras representações da sensibilidade, "então todos os corpos, juntamente com o espaço em que se encontram, não devem ser tomados como nada senão meras representações em nós, e não existem em parte alguma exceto apenas em nossos pensamentos". Ora, não é isto o mais patente idealismo?

O idealismo consiste na asserção de que não há nada além de seres pensantes; as outras coisas que acreditamos perceber na intuição seriam apenas representações nos seres pensantes, às quais de fato não corresponderia nenhum objeto situado fora deles. Eu digo, pelo contrário: são-nos dadas coisas como objetos de nossos sentidos situados fora de nós, mas nada sabemos sobre o que podem ser em si mesmos; apenas conhecemos seus aparecimentos, isto é, as representações que eles produzem em nós quando afetam nossos sentidos. Em consequência, admito efetivamente que há corpos fora de nós, isto é, coisas que, embora de todo desconhecidas por nós quanto ao que podem ser em si mesmas, conhecemos pelas representações que sua influência sobre nossa sensibilidade nos provê, e às quais damos o nome de corpos, uma palavra que, portanto, significa não mais que o aparecimento desse objeto que nos é desconhecido, mas não por isso menos real. Pode-se chamar isto idealismo? É o seu exato oposto.

Que se possa dizer, sem prejuízo da existência efetiva de coisas externas, que vários de seus predicados não pertencem às coisas em si mesmas, mas apenas a seus aparecimentos e não têm existência própria fora de nossas representações, é algo que tem sido geralmente aceito e admitido já muito antes do tempo de Locke, e mais ainda depois disso. A esses predicados pertencem o calor, a cor, o gosto, etc. Mas que eu, por importantes razões, também inclua entre os simples aparecimentos, em adição a estes, as restantes qualidades dos corpos que são chamadas *primárias*: a extensão, o lugar e o espaço em geral, com tudo que dele depende (impenetrabilidade ou materialidade, figura, etc.), é algo contra que não se pode aduzir a menor razão de inadmissibilidade; e assim como não se pode chamar idealista alguém que não admita que cores valham como propriedades ligadas ao objeto em si mesmo, mas apenas como modificações do sentido da visão, tampouco minha doutrina pode ser chamada idealista somente porque eu considero que mais propriedades, ou, antes, que *todas as propriedades que compõem a intuição de um corpo* pertencem apenas a seu aparecimento; pois a existência da coisa que aparece não fica com isso cancelada, como no verdadeiro idealismo, mas apenas se mostra que, por meio dos sentidos, não podemos minimamente conhecê-la como é em si mesma.

Muito me agradaria saber como minhas asserções deveriam ter sido formuladas para que não contivessem nenhum idealismo. Sem dúvida eu teria de dizer não apenas que a representação do espaço está em plena conformidade com a relação que nossa sensibilidade mantém com os objetos, pois isso eu já disse, mas até mesmo que ela seria completamente semelhante ao objeto, uma asserção à qual posso dar tão pouco sentido quanto à asserção de que a sensação do vermelho teria uma semelhança com a propriedade do cinábrio que excita em mim essa sensação.

IV: 290

Observação III

A partir disso, uma objeção bastante previsível, mas insignificante, pode agora ser facilmente refutada, a saber: "que, pela idealidade do espaço e tempo, todo o mundo sensível seria transformado em pura ilusão". Pois, após toda compreensão filosófica da natureza da cognição sensorial ter sido inicialmente pervertida ao se tomar a sensibilidade simplesmente como um modo confuso de representação, segundo o qual nós ainda conheceríamos as coisas como elas são, embora sem sermos capazes de trazer à clara consciência tudo que se encontra nessa nossa representação; e após nós, ao contrário, termos provado que a sensibilidade não consiste nessa diferença lógica de claridade ou obscuridade, mas na diferença genética da origem da própria cognição, já que a cognição sensorial não representa de modo algum as coisas como elas são, mas apenas a maneira como afetam nossos sentidos e que, portanto, através dela são apenas os aparecimentos e não as coisas em si mesmas que são dados ao entendimento para reflexão, eis que, após essa correção necessária, levanta-se uma objeção proveniente de um mal-entendido imperdoável e quase deliberado, como se minha doutrina transformasse todas as coisas do mundo sensível em nada mais que ilusão.

Quando um aparecimento nos é dado, permanecemos inteiramente livres para julgar o assunto como quisermos. O primeiro, isto é, o aparecimento, depende dos sentidos, mas o segundo, o juízo, depende do entendimento, e a única questão é se há ou não verdade na determinação do objeto. Mas a diferença entre verdade e sonho não é estabelecida pelo caráter das representações que são referidas aos objetos, pois estas são as mesmas em ambos os casos, e sim pela conexão delas segundo as regras que determinam a combinação das representações no conceito de um objeto, e em que medida podem manter-se juntas em uma experiência ou não. E não é de modo algum culpa dos aparecimentos se nossa cognição toma a ilusão por verdade, isto é, se a intuição pela qual um objeto nos é dado é tomada como o conceito do objeto ou mesmo da existência deste, algo que apenas o entendimento pode pensar. O curso dos planetas nos é representado pelos sentidos ora como progressivo, ora como retrogressivo, e nisso não há nem verdade nem falsidade porque, desde que se conceda que isto, por ora, é apenas aparecimento, não se faz nenhum juízo sobre o caráter objetivo de seu movimento. Mas, visto que, se o entendimento não toma bastante cuidado para impedir que esse modo subjetivo de representação seja tomado como objetivo, um juízo falso pode facilmente surgir, diz-se, portanto: eles [os planetas] parecem ir para trás, mas essa aparência não deve ser creditada aos sentidos, e sim ao entendimento, ao qual, unicamente, cabe pronunciar um juízo objetivo a partir do aparecimento. Desse modo, mesmo se não refletirmos minimamente sobre a origem de nossas representações e conectarmos no espaço e tempo nossas intuições dos sentidos, seja o que for que contenham, segundo as regras da combinação de toda cognição em uma experiência, então, conforme sejamos negligentes ou cuidadosos, tanto ilusão enganadora como verdade podem resultar; isso depende simplesmente do uso de representações sensoriais no entendimento e não de sua origem. Do mesmo modo, se tomo todas as representações dos sentidos, juntamente com sua forma, isto é, espaço e tempo, como não sendo mais que aparecimentos, e estes últimos como uma mera forma da sensibilidade que não é de modo algum encontrada fora dela nos objetos, e sirvo-me dessas mesmas representações apenas no que se relaciona à experiência possível, não há o menor incitamento ao erro nem ilusão no fato de considerá-las como simples aparecimentos, pois elas podem ainda assim coalescer corretamente na experiência segundo regras da verdade. Dessa maneira, todas as proposições da geometria valem para o espaço bem como para todos os objetos dos sentidos, e, portanto, em relação a toda experiência possível, quer eu veja o espaço como mera forma da sensibilidade ou como algo inerente às coisas elas mesmas; se bem que apenas no primeiro caso posso conceber como é possível conhecer *a priori* essas proposições de todos os objetos da intuição externa; à parte isso, no que diz respeito a toda experiência possível, tudo permanece exatamente como se eu nunca houvesse empreendido esse afastamento da opinião ordinária.

Mas se ouso levar meus conceitos de espaço e tempo para além de toda a experiência possível, o que é inevitável se os considero qualidades inerentes às coisas em si mesmas (pois o que me impediria, então, de aceitá-los como válidos para essas mesmas coisas, ainda que meus sentidos estivessem arranjados diferentemente e fossem ou não adequados a eles?), então pode surgir um grave erro, amparado por uma ilusão; pois aquilo que era apenas uma condição da intuição das coisas dependente de

IV: 292

meu sujeito e que era certamente válido para todos os objetos dos sentidos e para toda experiência possível, eu o teria considerado universalmente válido porque o referi às coisas em si mesmas, e não o restringi às condições da experiência.

Portanto, minha doutrina da idealidade do espaço e do tempo, longe de converter todo o mundo sensível em mera ilusão, é, antes, o único meio de assegurar a aplicação a objetos reais de uma das mais importantes cognições, a saber, aquela que a matemática expõe *a priori*, e de impedir que seja tomado por mera ilusão, dado que, sem essa observação, seria inteiramente impossível decidir se as intuições de espaço e tempo, que não retiramos de nenhuma experiência e que, contudo, estão *a priori* em nossa representação, não seriam simples quimeras produzidas em nossa cabeça, às quais não corresponderia nenhum objeto, pelo menos não adequadamente, e, portanto, a própria geometria seria mera ilusão, ao passo que, ao contrário, fomos capazes de mostrar sua indisputável validade com relação a todos os objetos do mundo sensível precisamente porque estes são simples aparecimentos.

Em segundo lugar, estes meus princípios, ao fazerem das representações dos sentidos simples aparecimentos, longe de afastarem-nas da verdade da experiência e converterem-nas em mera ilusão, são, antes, o único meio de evitar a ilusão transcendental pela qual a metafísica foi sempre iludida e levada a esforços pueris de apanhar bolhas de sabão, porque os aparecimentos, que são afinal meras representações, eram tomados por coisas em si mesmas, do que se seguiram todas aquelas notáveis ocorrências da antinomia da razão que mencionarei adiante e que são anuladas por esta única observação: que o aparecimento gera verdade quando usado na experiência, mas, tão logo avança além da fronteira desta e se torna transcendente, nada produz senão pura ilusão.

Visto que concedo realidade às coisas que representamos através dos sentidos e apenas restrinjo nossa intuição sensorial dessas coisas a que, em nenhum caso, nem mesmo na intuição pura do espaço e tempo, não represente mais que o mero aparecimento dessas coisas, nunca, porém, a constituição delas em si mesmas, não estou, portanto, atribuindo nenhuma ilusão universal à natureza, e meu protesto contra qualquer imputação de idealismo é tão conclusivo e claro que pareceria supérfluo se não houvesse juízes não autorizados que, desejando dar um nome antigo a tudo que se afaste de sua opinião falsa, mas comum, e jamais julgando o espírito das denominações filosóficas, mas atendo-se apenas à letra, estivessem prontos a pôr seu próprio devaneio no lugar de conceitos bem determinados, e com isso distorcê-los e deformá-los. Pois o fato de eu mesmo ter dado a essa minha teoria o nome de um idealismo transcendental não pode justificar que alguém o confunda com o idealismo empírico de Descartes (se bem que este último fosse apenas um problema cuja insolubilidade deixou todos livres, na opinião de Descartes, para negar a existência do mundo corpóreo, dado que nunca poderia ser satisfatoriamente respondido), ou com o idealismo místico e visionário de Berkeley (contra o qual, e outras quimeras semelhantes, nossa *Crítica*, pelo contrário, contém o antídoto apropriado). Pois o que chamei de idealismo não diz respeito à existência das coisas (e a dúvida sobre essa existência constitui propriamente idealismo em seu sentido tradicional), pois nunca me passou pelo espírito duvidar disso, mas à mera representação sensorial das coisas, à qual pertencem, sobretudo, espaço e tempo; e, destes, como em geral de todos os *aparecimentos*, apenas mostrei que não são coisas (mas meros modos de representação) e tampouco determinações pertencentes às coisas em si mesmas. Mas a palavra transcendental, que para mim nunca significa uma relação de nossa cognição com coisas, mas apenas com nossa *faculdade de cognição*, deveria impedir essa má interpretação. Antes, porém, que a promova ainda mais, prefiro retirar essa denominação, e proponho que meu idealismo seja chamado crítico. Mas se é de fato um idealismo reprovável transformar coisas reais (não aparecimentos) em meras representações, que nome devemos dar àquele idealismo que, ao contrário, converte meras representações em coisas? Penso que poderia ser denominado idealismo *sonhador*, para distingui-lo do primeiro, que se poderia chamar *visionário*, ambos os quais deveriam ser sustados pelo meu idealismo outrora chamado transcendental, ou melhor, *crítico*.

IV: 294

Segunda parte da questão transcendental principal. Como é possível a ciência pura da natureza?

§ 14

Natureza é a *existência* de coisas enquanto determinada segundo leis universais. Se natureza significasse a existência das coisas em *si mesmas*, não poderíamos jamais conhecê-la, nem *a priori* nem *a posteriori*. Não *a priori*, pois como pretenderíamos saber o que pertence às coisas em si mesmas, já que isso nunca pode ocorrer por meio de análise de nossos conceitos (proposições analíticas), porque não quero saber o que está contido no meu conceito de uma coisa (pois isso diz respeito a sua essência lógica), mas o que é acrescentado a esse conceito na realidade da coisa, e o que determina a própria coisa em sua existência fora de meu conceito. Meu entendimento, e as únicas condições sob as quais ele pode conectar as determinações das coisas em sua existência, não prescreve nenhuma regra às coisas elas mesmas; estas não se conformam a meu entendimento, mas meu entendimento teria de conformar-se a elas; elas deveriam, portanto, ser-me dadas de antemão para que essas determinações fossem delas extraídas, mas, então, não seriam conhecidas *a priori*.

Mesmo *a posteriori*, tal cognição da natureza das coisas em si mesmas seria igualmente impossível. Pois se a experiência deve ensinar-me *leis* às quais a existência das coisas está submetida, então essas leis, na medida em que concernem às coisas em si mesmas, deveriam aplicar-se *necessariamente* a elas também fora de minha experiência. Ora, é verdade que a experiência me ensina o que existe e como existe, mas nunca que deva necessariamente existir desse modo e não de outro. Portanto, ela não pode jamais informar sobre a natureza das coisas em si mesmas.

§ 15

Não obstante, estamos efetivamente em posse de uma ciência pura da natureza, que propõe *a priori*, e com toda a necessidade que se requer de proposições apodíticas, leis às quais a natureza está submetida. Aqui preciso apenas chamar o testemunho daquela propedêutica ao estudo da natureza que, sob o título de ciência universal da natureza, precede toda física (que se funda em princípios empíricos). Nela se encontra a matemática aplicada a aparecimentos e também princípios meramente discursivos (a partir de conceitos) que compõem a parte filosófica da cognição pura da natureza. Mas ela contém ainda várias coisas que não são inteiramente puras e independentes de fontes na experiência, tais como o conceito de *movimento*, de *impenetrabilidade* (sobre o qual se funda o conceito de matéria), de *inércia*, entre outros, que impedem que seja chamada de ciência natural inteiramente pura; além disso, ela lida apenas com os objetos do sentido externo e, portanto, não constitui exemplo de uma ciência universal da natureza em sentido estrito, pois esta deve subsumir a leis universais a natureza em geral, quer esta se refira ao objeto do sentido interno ou ao do externo (ao objeto da física bem como ao da psicologia). Mas há, entre os princípios dessa física universal, vários que realmente possuem a universalidade que exigimos, tal como a proposição: *que a substância é permanente* e persiste, que *tudo que acontece* está sempre de antemão *determinado por uma causa* segundo leis constantes, etc. Estas são, efetivamente, leis universais da natureza, que subsistem inteiramente *a priori*. Há, assim, de fato, uma ciência pura da natureza, e a questão agora é: *como ela é possível?*

§ 16

A palavra *natureza* toma ainda outro significado, a saber, aquele que determina o *objeto*, ao passo que, no significado acima, ela apenas indicava a *conformidade a leis* das determinações da existência das coisas em geral. Natureza, considerada *materialiter*, é, portanto, a *soma de todos os objetos da experiência*. Apenas estes últimos nos interessam aqui, já que, em todo caso, coisas que não podem ser objetos de uma experiência, se tivessem de ser conhecidas segundo sua natureza, nos conduziriam a conceitos cujo significado jamais poderia ser dado *in concreto* (em qualquer exemplo de uma experiência possível), e, sobre a natureza dessas coisas, teríamos de elaborar apenas conceitos cuja realidade, isto é, se efetivamente se referem a objetos ou são meros entes do pensamento, não poderia jamais ser decidida. A cognição de algo que não pode ser um objeto da experiência seria hiperfísica, e não é desta que tratamos aqui, mas da cognição da natureza, cuja realidade pode ser confirmada pela experiência, ainda que seja possível *a priori* e preceda toda experiência.

§ 17

O elemento *formal* da natureza, nesse sentido mais estrito, é, portanto, a conformidade de todos os objetos da experiência a leis e, na medida em que essa conformidade é conhecida *a priori*, sua *necessária* conformidade a leis. Mas há pouco se mostrou que as leis da natureza jamais podem ser conhecidas *a priori* de objetos enquanto estes forem considerados não em referência à experiência possível, mas como coisas em si mesmas. Contudo, não lidamos aqui com coisas em si mesmas (cujas propriedades deixamos fora da discussão), mas apenas com coisas enquanto objetos de uma experiência possível, e a soma dessas coisas é o que, propriamente, denominamos aqui natureza. E, se o que está em questão é a possibilidade de uma cognição *a priori* da natureza, pergunto então se seria melhor formular o problema assim: como é possível conhecer *a priori* a conformidade necessária a leis *das coisas* enquanto objetos da experiência, ou assim: como é possível conhecer *a priori* a conformidade necessária a leis *da experiência* ela própria em relação a todos os seus objetos em geral?

Em um exame mais detido, vê-se que a solução do problema, no que diz respeito à cognição pura da natureza (que é o ponto que está propriamente em questão), será exatamente a mesma, quer seja representada de uma maneira ou de outra. Pois as leis subjetivas unicamente sob as quais é possível uma cognição de coisas por meio da experiência valem também para essas coisas enquanto objetos de uma experiência possível (embora, é claro, não valham para elas enquanto coisas em si mesmas, das quais não tratamos aqui). É totalmente indiferente que eu diga: sem a lei de que, quando um evento é percebido, ele sempre se refere a alguma coisa que o precede e à qual se segue de acordo com uma lei universal, um juízo de percepção jamais pode contar como experiência; ou, se me expresso assim: tudo que a experiência me informa que acontece deve ter uma causa.

É, porém, mais conveniente escolher a primeira fórmula. Pois, como podemos muito bem ter, de maneira *a priori* e antes que quaisquer objetos nos sejam dados, uma cognição daquelas condições necessárias para que uma experiência de objetos seja possível, mas nunca uma cognição das leis às quais eles podem estar sujeitos em si mesmos, sem relação com uma experiência possível, não seremos capazes de estudar *a priori* a natureza das coisas de nenhum outro modo exceto investigando as condições e leis universais (embora subjetivas) unicamente sob as quais essa cognição é possível enquanto experiência (segundo a mera forma), e determinando, em seguida, a possibilidade das coisas como objetos da experiência; pois, se eu escolhesse o segundo modo de expressão e buscasse as condições *a priori* sob as quais a natureza é possível enquanto *objeto* da experiência, poderia facilmente incorrer em erro e imaginar que falava da natureza como uma coisa em si mesma, e seria conduzido de forma infrutífera a infindáveis esforços para procurar leis para coisas das quais nada é dado para mim.

Vamos, portanto, tratar aqui apenas da experiência e das condições universais dadas *a priori* de sua possibilidade, e determinar, a partir disso, a natureza enquanto o inteiro objeto de toda experiência possível. Penso que se entenderá que não me refiro com isso a regras para a *observação* de uma natureza já dada, o que já pressupõe experiência; e não pergunto, portanto, como podemos aprender (por experiência) as leis a partir da natureza, pois estas não seriam, então, leis *a priori* e não resultariam na pura ciência da natureza, mas como as condições *a priori* da possibilidade da experiência são ao mesmo tempo as fontes das quais todas as leis universais da natureza devem ser derivadas.

§ 18

Temos então de notar, primeiramente, que, embora todos os juízos de experiência sejam empíricos, isto é, tenham seu fundamento na percepção imediata dos sentidos, nem por isso todos os juízos empíricos são, reciprocamente, juízos de experiência, mas, para além do empírico e, em geral, para além do que é dado na intuição sensorial, devem ser ainda acrescentados conceitos especiais que têm sua origem inteiramente *a priori* no entendimento puro, sob os quais toda percepção deve em primeiro lugar ser subsumida antes que possa, por meio deles, ser transformada em experiência.

Juízos empíricos, na medida em que têm validade objetiva, são **juízos de experiência**; aqueles, entretanto, que são *válidos apenas subjetivamente* denomino simples **juízos de percepção**. Os últimos não precisam de nenhum conceito puro do entendimento, mas apenas da conexão lógica da percepção em um sujeito pensante. Os primeiros, porém, além das representações da intuição sensorial, sempre exigem certos *conceitos gerados originalmente no entendimento*, que são, precisamente, aquilo que faz com que o juízo de experiência *seja objetivamente válido*.

IV: 298

Todos os nossos juízos são, de início, simples juízos de percepção, válidos apenas para nós, isto é, para nosso sujeito, e só depois lhes damos uma nova referência, a saber, a um objeto, e pretendemos que o juízo seja válido para nós em todos os tempos e igualmente para todas as pessoas; pois, se um juízo concorda com um objeto, todos os juízos sobre o mesmo objeto devem concordar entre si, e, portanto, a validade objetiva do juízo de experiência não significa nada mais que sua validade universal necessária. Reciprocamente, se tivermos razão para manter que um juízo é universalmente válido de forma necessária (o que nunca se baseia na percepção, mas no conceito puro do entendimento sob o qual a percepção é subsumida), devemos também manter que é objetivo, isto é, que não expressa somente a referência da percepção a um sujeito, mas uma qualidade do objeto, pois não haveria razão para que os juízos de outros devessem necessariamente concordar com os meus se não fosse pela unidade do objeto ao qual todos referem, com o qual concordam e, portanto, também devem concordar entre si.

§ 19

Validade objetiva e validade universal necessária (isto é, para todos) são, portanto, conceitos intercambiáveis, e, embora não conheçamos o objeto em si, sempre que tomamos um juízo como universalmente válido e, por conseguinte, necessário, entendemos com isso validade objetiva. Conhecemos o objeto mediante esse juízo (ainda que, de todo modo, ele permaneça desconhecido quanto a como possa ser em si mesmo) mediante a conexão universalmente válida e necessária das percepções dadas; e já que esse é o caso de todos os objetos dos sentidos, os juízos de experiência retiram sua validade objetiva não da cognição imediata do objeto (pois isso é impossível), mas simplesmente da condição da validade universal dos juízos empíricos, a qual, como se disse, nunca se baseia em condições empíricas ou, de resto, em condições sensoriais, mas em um puro conceito do entendimento. O objeto permanece sempre desconhecido em si mesmo, mas, quando a conexão de representações que são dadas por ele a nossa sensibilidade é determinada pelo conceito do entendimento como universalmente válida, o objeto se determina por essa relação, e o juízo é objetivo.

Passemos a ilustrar isso. Que o aposento esteja quente, o açúcar seja doce, o absinto repugnante[5] são juízos válidos de forma apenas

---

5. Admito de boa vontade que estes exemplos não representam juízos de percep-

subjetiva. Não exijo absolutamente que eu ou todos os demais devamos julgar isso por todo o tempo e da mesma maneira; esses juízos apenas expressam uma referência de duas sensações ao mesmo sujeito, a saber, eu próprio, e isso apenas em meu presente estado de percepção, não devendo, portanto, valer para o objeto; tais juízos eu denomino juízos de percepção. O caso é inteiramente diferente para o juízo de experiência. O que a experiência me ensina sob certas circunstâncias ela deve ensinar-me sempre e a todos, e sua validade não se limita a um sujeito ou a sua situação presente. Por isso, declaro todos esses juízos objetivamente válidos; como no caso em que digo, por exemplo, que o ar é elástico: esse juízo é, inicialmente, apenas um juízo de percepção, apenas refiro, em meus sentidos, duas sensações uma à outra. Mas, se quiser chamá-lo um juízo de experiência, então exijo que essa conexão se subordine a uma condição que a faz universalmente válida. Quero, portanto, que eu e todo mundo tenhamos sempre de unir necessariamente essas mesmas percepções nas mesmas circunstâncias.

§ 20

IV: 300

Deveremos, portanto, analisar a experiência em geral para ver o que está contido nesse produto dos sentidos e do entendimento, e como o próprio juízo de experiência é possível. Na base está a intuição da qual estou consciente, isto é, percepção (*perceptio*), que diz respeito apenas aos sentidos. Mas, em segundo lugar, está também incluído o juízo (que diz res-

---

ção que alguma vez pudessem se tornar juízos de experiência, mesmo que um conceito do entendimento lhes fosse ajuntado, porque eles se referem apenas ao sentimento, que todos reconhecem como meramente subjetivo e não pode, portanto, ser atribuído ao objeto; assim, aqueles juízos jamais podem se tornar objetivos. Pretendia apenas, por enquanto, dar um exemplo de juízo válido de forma meramente subjetiva, que não contém em si nenhum fundamento para a validade universal necessária e, assim sendo, para uma referência ao objeto. Um exemplo de juízos de percepção que se tornam juízos de experiência pela adição de um conceito do entendimento é apresentado na próxima nota.

peito apenas ao entendimento). Esse juízo pode ser de dois tipos: em primeiro lugar, quando simplesmente comparo as percepções e as reúno em uma consciência de meu estado, ou, em segundo, quando as reúno em uma consciência em geral. O primeiro juízo é um simples juízo de percepção e, nessa medida, tem apenas validade subjetiva: consiste meramente na conexão de percepções em meu estado mental, sem referência ao objeto. Por isso, não é suficiente para a experiência, como costumeiramente se imagina, comparar percepções e conectá-las em uma consciência por meio do juízo: disso não decorre nenhuma validade universal nem necessidade do juízo, e é somente em virtude destas que ele pode ser objetivamente válido e constituir uma experiência.

Assim, um juízo completamente distinto tem lugar antes que a percepção possa converter-se em experiência. A intuição dada deve ser subsumida a um conceito que determina a forma do juízo em geral com relação à intuição, conecta a consciência empírica desta última em uma consciência em geral e, com isso, dota os juízos empíricos de validade universal. Esse conceito é um puro conceito *a priori* do entendimento, que nada mais faz além de simplesmente determinar, para uma intuição, a maneira geral pela qual ela pode servir para julgar. Se esse conceito for o conceito de uma causa, ele determina a intuição que é subsumida a ele, por exemplo, a do ar, em relação ao juízo em geral, a saber, que o conceito de ar em relação à expansão surge na relação do antecedente para o consequente em um juízo hipotético. O conceito de causa é, assim, um puro conceito do entendimento, que é inteiramente diferente de toda percepção possível e serve apenas para determinar a representação que está contida sob ele em relação ao juízo em geral e, com isso, para tornar possível um juízo universalmente válido.

Ora, antes que um juízo de percepção possa tornar-se um juízo de experiência, requer-se primeiramente que a percepção seja subsumida a um conceito do entendimento deste tipo: por exemplo, o ar cai sob o conceito de causa, que determina o juízo sobre ele como hipotético relativamente à expansão.[6] Por meio

---

6. Para um exemplo mais fácil de compreender, tome-se o seguinte. Quando o

dele, essa expansão é agora representada não como dizendo respeito somente à minha percepção do ar em meu estado, ou em vários de meus estados, ou no estado de percepção de outros, mas como pertencendo a ela *necessariamente*, e o juízo: o ar é elástico, torna-se universalmente válido e, só então, um juízo de experiência, por ser precedido por certos juízos que subsumem a intuição do ar ao conceito de causa e efeito e com isso determinam as percepções não apenas uma em relação à outra em meu sujeito, mas em relação à forma do juízo em geral (aqui, a forma hipotética), e, desse modo, tornam o juízo empírico universalmente válido.

Se analisarmos todos os nossos juízos sintéticos, na medida em que valem de modo objetivo, descobriremos que jamais consistem de meras intuições simplesmente conectadas em um único juízo mediante comparações, como usualmente se supõe, mas seriam impossíveis se ainda não se acrescentasse, aos conceitos abstraídos da intuição, um puro conceito do entendimento ao qual aqueles conceitos são subsumidos e, só então, conectados em um juízo objetivamente válido. Mesmo os juízos da matemática pura em seus mais simples axiomas não estão isentos dessa condição. O princípio: a ideia de que a linha reta é a mais curta entre dois pontos pressupõe que a linha é subsumida ao conceito de grandeza, que certamente não é uma mera intuição, mas tem sua sede somente no entendimento e serve para determinar a intuição (da linha) em vista dos juízos que podem ser feitos sobre ela acerca de sua quantidade, ou seja, pluralidade (como *judicia plurativa*[7]), visto

IV: 302

> sol ilumina a pedra, ela fica quente. Esse juízo é um simples juízo de percepção e não contém nenhuma necessidade, não importa quantas vezes eu e outros tenhamos percebido isso; tudo que ocorre é que essas percepções se encontram costumeiramente conjugadas dessa maneira. Mas se eu digo: o sol *aquece* a pedra, um conceito do entendimento, a saber, o de causa, é adicionado à percepção e conecta *necessariamente* o conceito de luz solar ao de aquecimento, e o juízo sintético torna-se necessariamente válido de forma universal e, por conseguinte, objetivo, e, de uma percepção, transforma-se em experiência.
>
> 7. Eu preferiria denominar assim os juízos que, em lógica, são chamados *particularia*, pois esta última expressão implica a ideia de que não são universais. Mas, quando principio pela unidade (em juízos singulares) e procedo até a totalidade, não posso ainda mesclar nenhuma referência à totalidade; apenas penso pluralidade sem totalidade, e não a exclusão desta. Isso é necessário para que

que, por meio desses juízos, entende-se que em uma intuição dada estão contidas muitas partes homogêneas.

§ 21

Para expor agora a possibilidade da experiência, na medida em que se baseia *a priori* em conceitos puros do entendimento, temos primeiramente de representar em uma tábua completa o que pertence aos juízos em geral e os diversos momentos do entendimento nos mesmos; pois os conceitos puros do entendimento — que nada mais são que conceitos de intuições em geral, na medida em que estas, relativamente a um ou a outro desses momentos, são determinadas em si mesmas necessariamente e com validade universal em juízos — vão dispor-se de maneira exatamente paralela à desses momentos. Com isso, os princípios *a priori* da possibilidade de toda experiência, enquanto cognição empírica objetivamente válida, também estarão determinados de forma exata. Pois eles não são nada mais que proposições que subsumem toda percepção aos mencionados conceitos puros do entendimento (em conformidade com certas condições universais da intuição).

os momentos lógicos sirvam de base aos puros conceitos do entendimento; no uso lógico as coisas podem permanecer como estão.

Tábua lógica
dos juízos

1.
Quanto à quantidade
Universais
Particulares
Singulares

2.
Quanto à qualidade
Afirmativos
Negativos
Infinitos

3.
Quanto à relação
Categóricos
Hipotéticos
Disjuntivos

4.
Quanto à modalidade
Problemáticos
Assertóricos
Apodíticos

IV: 303

Tábua transcendental
dos conceitos do entendimento

1.
Quanto à quantidade
Unidade (a medida)
Pluralidade (a grandeza)
Totalidade (o todo)

2.
Quanto à qualidade
Realidade
Negação
Limitação

3.
Quanto à relação
Substância
Causa
Comunidade

4.
Quanto à modalidade
Possibilidade
Existência
Necessidade

Tábua
fisiológica pura
dos princípios
universais da
ciência natural

1.
Axiomas
da intuição

2.
Antecipações
da percepção

3.
Analogias
da experiência

4.
Postulados
do pensamento
empírico em geral

§ 21a

Para sintetizar em uma única ideia tudo o que foi dito até agora, é necessário antes de tudo lembrar ao leitor que não se está falando aqui da gênese da experiência, mas do que está nela contido. A primeira questão faz parte da psicologia empírica, e mesmo ali não pode ser apropriadamente desenvolvida sem a segunda, que pertence à crítica da cognição e, em particular, do entendimento.

A experiência consiste de intuições, que dizem respeito à sensibilidade, e de juízos, que são assunto apenas do entendimento. Mas esses juízos que o entendimento faz exclusivamente a partir de intuições sensoriais estão ainda longe de constituir juízos de experiência. Pois, no primeiro caso, os juízos apenas conectariam as percepções tais como são dadas na intuição sensorial; no último caso, porém, os juízos devem dizer o que a experiência em geral contém, e não o que contém a mera percepção, cuja validade é apenas subjetiva. O juízo de experiência deve, portanto, além da intuição sensorial e de sua conexão lógica em um juízo (depois que esta foi tornada geral por uma comparação), acrescentar algo que determina o juízo sintético como necessário e, por conseguinte, como válido universalmente, e isso não pode ser senão o conceito que representa a intuição como determinada em si mesma com respeito a uma forma de juízo mais do que a outra; isto é, um conceito daquela unidade sintética das intuições que só pode ser representada por uma dada função lógica dos juízos.

§ 22

Em resumo: a função dos sentidos é intuir; a do entendimento é pensar. Mas pensar é unir representações em uma consciência. Essa união ou ocorre apenas em relação ao sujeito, e é contingente e subjetiva, ou tem lugar de maneira absoluta, e é necessária e objetiva. A união das representações em uma consciência é o juízo. Pensar, portanto, é o mesmo que julgar, ou relacionar representações a juízos em geral. Por isso, juízos ou são meramente subjetivos, quando representações se relacionam a uma consciência em um único sujeito e nela se unem; ou são objetivos, quando se unem em uma consciência em geral, isto é, necessariamente. As funções lógicas de todos os juízos são os diversos modos possíveis de unir representações em uma consciência. Mas, se essas próprias funções servem como conceitos, são conceitos da união *necessária* de representações em uma consciência e, portanto, princípios de juízos objetivamente válidos. Essa união em uma consciência ou é analítica, mediante a identidade, ou é sintética, mediante a combinação e adição de diferentes representações umas às outras. A experiência consiste na conexão sintética de aparecimentos (percepções) em uma consciência, na medida em que essa conexão é necessária. Portanto, conceitos puros do entendimento são aqueles sob os quais todas as percepções devem inicialmente ser subsumidas antes que possam ser usadas em juízos de experiência, nos quais a unidade sintética das percepções é representada como necessária e universalmente válida.[8]

IV: 305

8. Mas como conciliar a proposição de que juízos de experiência devem conter

§ 23

Juízos, na medida em que são considerados simplesmente como a condição da união de representações dadas em uma consciência, são regras. Essas regras, na medida em que representam a união como necessária, são regras *a priori*, e, na medida em que não há outras regras acima delas das quais pudessem se derivar, são princípios. Mas, visto que, no que respeita à possibilidade de toda experiência se se considera nela somente a forma do pensamento, não há condições dos juízos de experiência acima daquelas que subsumem os aparecimentos, segundo a forma distinta de sua intuição, a conceitos puros do entendimento que tornam os juízos empíricos objetivamente válidos, estas são, portanto, os princípios *a priori* da experiência possível.

Ora, os princípios da experiência possível são, ao mesmo tempo, leis universais da natureza, que podem ser conhecidas *a priori*. E assim o problema que nossa segunda questão apresenta, qual seja: *como é possível a ciência pura da natureza?*, está agora resolvido. Pois aqui se contempla perfeitamente a sistematização requerida para a forma de uma ciência, visto que, acima das mencionadas condições formais de todos os juízos em geral e, consequentemente, de todas as regras em geral que a lógica oferece, nenhuma outra é possível, e estas constituem um sistema lógico; por essa mesma razão, os conceitos nele fundados, que contêm as condições *a priori* para todos os juízos sintéticos e necessários, constituem um sistema transcendental, e, finalmente,

> necessidade na síntese das percepções com minha proposição, tantas vezes enfatizada acima, de que a experiência enquanto cognição *a posteriori* só pode prover juízos meramente contingentes? Quando digo que a experiência me ensina algo, sempre entendo com isso apenas a percepção que nela está contida, por exemplo, que o calor sempre segue a iluminação da pedra pelo sol, e assim a proposição da experiência é, nessa medida, sempre contingente. Que este aquecimento segue-se necessariamente da iluminação pelo sol está de fato contido no juízo de experiência (em virtude do conceito de causa), mas eu não aprendo isso através da experiência; ao contrário, a experiência é primeiramente gerada por esta adição do conceito do entendimento (o conceito de causa) à percepção. Para ver como a percepção chega a essa adição, consulte-se *Crítica*, na seção sobre a faculdade transcendental do juízo, p. 137 e seguintes. [A137-147, B176-187.]

os princípios por meio dos quais todos os aparecimentos são subsumidos a esses conceitos constituem um sistema fisiológico, isto é, um sistema da natureza que precede toda cognição empírica da natureza e é o que em primeiro lugar a torna possível, e, por isso, pode propriamente ser chamado a ciência universal e pura da natureza.

§ 24

O primeiro[9] desses princípios fisiológicos subsume todos os aparecimentos, enquanto intuições no espaço e tempo, ao conceito da *grandeza*, e é, nessa medida, um princípio para a aplicação da matemática à experiência. O segundo subsume o que é propriamente empírico — a saber, a sensação, que denota o que é real nas intuições —, não diretamente ao conceito da *grandeza*, pois a sensação não é uma intuição que *contenha* espaço e tempo, ainda que ponha o objeto que lhe corresponde em ambos; mas, visto que entre realidade (representação sensorial) e zero, isto é, a completa vacuidade de intuição no tempo, há, contudo, uma diferença que tem uma grandeza, pois, entre qualquer grau dado de luz e a escuridão, entre qualquer grau de calor e o frio completo, qualquer grau de peso e a absoluta leveza, qualquer grau de preenchimento do espaço e o espaço completamente vazio, sempre se pode pensar em graus ainda menores, e mesmo entre uma consciência e a completa inconsciência (obscuridade psicológica), graus ainda menores de consciência encontram lugar; não é possível, portanto, nenhuma percepção que exiba uma absoluta ausência, isto é, nenhuma obscuridade psicológica que não possa ser considerada como uma consciência que é simplesmente ultrapassada por outra consciência mais forte, e o mesmo para todos os casos de sensação; razão pela qual o entendimento pode antecipar até mesmo

IV: 307

---

9. Estes três parágrafos consecutivos dificilmente poderão ser compreendidos de maneira adequada se não se tiver à mão o que diz a *Crítica* sobre os princípios, mas podem ser úteis para tornar mais fácil a inspeção de suas características gerais e chamar atenção para os momentos principais.

sensações, que constituem a qualidade própria das representações empíricas (aparecimentos), por meio do princípio de que todas elas, e, consequentemente, o que é real em todos os aparecimentos, têm graus, o que é a segunda aplicação da matemática (*mathesis intensorum*) à ciência da natureza.

§ 25

No que concerne à relação dos aparecimentos e exclusivamente em vista de sua existência, a determinação dessa relação não é matemática, mas dinâmica, e jamais pode ser objetivamente válida e, portanto, útil para a experiência se não estiver subordinada a princípios *a priori* que tornam inicialmente possível uma cognição pela experiência dessa determinação. Por consequência, aparecimentos devem ser subsumidos ao conceito de substância, que, enquanto um conceito da própria coisa, está na base de todas as determinações de existência; ou, em segundo lugar, no caso em que se encontra uma sucessão de aparecimentos no tempo, isto é, um evento, ao conceito de um efeito em relação a uma causa; ou, ainda, no caso em que uma existência simultânea deve ser conhecida objetivamente, isto é, mediante um juízo de experiência, ao conceito de comunidade (reciprocidade); e, portanto, princípios *a priori* estão na base de juízos que, embora empíricos, são objetivamente válidos; ou seja, estão na base da possibilidade da experiência na medida em que esta deve conectar objetos na natureza segundo sua existência. Esses princípios são as leis, propriamente, da natureza, e podem ser chamados dinâmicos.

Por fim, pertence também aos juízos de experiência a cognição da concordância e conexão não tanto dos aparecimentos entre si na experiência, mas de sua relação com a experiência em geral, que une em um único conceito ou sua concordância com as condições formais conhecidas pelo entendimento, ou sua ligação com o material dos sentidos e da percepção, ou ambas; e, consequentemente, contém possibilidade, realidade e necessidade de acordo com leis universais da natureza; o que constituiria a doutrina fisiológica do método (distinção entre verdade e hipóteses, e as fronteiras da confiabilidade destas últimas).

§ 26

Embora a terceira tábua dos princípios, extraída de acordo com o método crítico *da natureza do próprio entendimento*, exiba nela mesma uma perfeição pela qual se eleva muito acima de toda outra tábua *das coisas elas próprias* que já tenha sido, ou possa ser no futuro, tentada (ainda que inutilmente) à maneira dogmática; a saber, pelo fato de que nela todos os princípios sintéticos *a priori* foram elaborados completamente e de acordo com um princípio, a saber, a faculdade de julgar em geral, que constitui a essência da experiência com respeito ao entendimento, de modo que se pode estar certo de que não há outros princípios desse tipo (uma satisfação que o método dogmático jamais pode prover), isto nem de longe é seu maior mérito.

Deve-se prestar atenção ao fundamento de prova que revela a possibilidade dessa cognição *a priori* e, ao mesmo tempo, limita todos esses princípios a uma condição que não se deve jamais perder de vista para que não sejam mal compreendidos e estendidos em seu uso para além do que lhes permite o sentido original que o entendimento neles colocou, qual seja: que contenham apenas a condição da experiência possível em geral, na medida em que esta se submete a leis *a priori*. Não digo, portanto, que coisas *em si mesmas* contenham uma grandeza, sua realidade um grau, sua existência uma conexão de acidentes em uma substância, etc.; pois ninguém pode prová-lo, já que é absolutamente impossível tal conexão sintética entre puros conceitos em que faltam, de um lado, toda referência à intuição sensorial, e, de outro, toda conexão desta em uma experiência possível. A limitação essencial dos conceitos nesses princípios é, portanto, que todas as coisas estão sujeitas necessariamente *a priori* às mencionadas condições apenas *enquanto objetos da experiência*.

Disto se segue, pois, em segundo lugar, também um modo especificamente peculiar de provar o mesmo ponto: que esses mencionados princípios tampouco são referidos diretamente a aparecimentos e sua relação, mas sim à possibilidade da experiência, da qual os aparecimentos constituem apenas a matéria, mas não a forma; ou seja, são referidos a proposições sintéticas objetiva e universalmente válidas, precisamente aquilo em que juízos de experiência se distinguem de meros juízos de percepção. Isto ocorre porque os aparecimentos, enquanto meras intuições *que ocupam uma porção de espaço e tempo*, subordinam-se ao conceito de grandeza que une sinteticamente e *a priori* o múltiplo de intuições segundo regras; e porque, na medida em que a percepção contém, além da intuição, também sensação, entre a qual e zero, isto é, seu completo desaparecimento, sempre tem lugar uma transição por diminuição, é claro que o que é real no aparecimento deve ter um grau, na medida em que ela própria [a sensação] *não ocupa nenhuma porção de espaço ou tempo*,[10] mas a transição até ela a partir do tempo ou espaço vazios só é possível no tempo; com a consequência de que, embora a sensação, enquanto a qualidade da intuição empírica que especificamente a distingue de outras sensações, jamais possa ser conhecida *a priori*, ela pode, contudo, em uma possível experiência em geral, distinguir-se intensivamente de qualquer outra do mesmo tipo enquanto grandeza da percepção, a partir do que, então, a aplicação da matemática à natureza, no que respeita à intuição sensorial através da qual ela nos é dada, é em primeiro lugar tornada possível e determinada.

O leitor, contudo, deve estar extremamente atento ao modo de prova dos princípios que aparecem sob o nome de Analogias da experiência. Pois, como estes não concernem à geração de in-

---

10. O calor, a luz, etc. são tão grandes (em grau) em um espaço pequeno quanto em um grande; do mesmo modo, as representações internas, a dor, a consciência em geral não são menores em grau quer durem por um tempo curto ou longo. Por isso, aqui, a grandeza em um ponto e em um momento é tão grande como em qualquer espaço ou tempo por maiores que sejam. Graus são, portanto, grandezas, mas não na intuição, e sim segundo a mera sensação ou, ainda, a grandeza da base de uma intuição, e só podem ser estimados enquanto grandezas por meio da relação de 1 a 0, isto é, pelo fato de cada uma delas ser capaz de decrescer por infinitos graus intermediários até o desaparecimento, ou crescer a partir de zero por infinitos momentos de crescimento até uma sensação determinada, em certo tempo. (*Quantitas qualitatis est gradus*. [Grau é a quantidade da qualidade.])

tuições, como os princípios da aplicação da matemática à ciência da natureza em geral, mas à conexão de sua existência em uma experiência, e como esta não pode ser nada mais que a determinação da existência no tempo de acordo com leis necessárias, unicamente sob as quais ela é objetivamente válida e, por conseguinte, uma experiência, a prova não diz respeito, portanto, à unidade sintética na conexão *das coisas* em si mesmas, mas sim das *percepções*, e, mesmo quanto a estas, não em vista de seu conteúdo, mas da determinação no tempo e da relação da existência neste segundo leis universais. Essas leis universais contêm, portanto, a necessidade da determinação da existência no tempo em geral (consequentemente, de acordo com uma regra do entendimento *a priori*), para que a determinação empírica no tempo relativo seja objetivamente válida e, assim, experiência. Quanto ao leitor que persiste no velho hábito de tomar a experiência como uma composição meramente empírica de percepções e, por conseguinte, nunca pensa que ela vai muito além do que estas alcançam, ou seja, que ela fornece validade universal a juízos empíricos e para isso necessita de uma unidade pura do entendimento que a preceda *a priori*, mais não posso aduzir aqui, tratando-se de prolegômenos, que recomendar-lhe que leve bem em conta essa diferença entre experiência e um puro agregado de percepções, e julgue o modo de prova a partir desse ponto de vista.

IV: 310

§ 27

Aqui é o lugar, agora, para arrancar pela raiz a dúvida humeana. Ele afirmou, corretamente, que não podemos de modo algum compreender pela razão a possibilidade da causalidade, isto é, da relação entre a existência de uma coisa e a existência de alguma outra que é posta necessariamente pela primeira. Acrescento, ainda, que tampouco compreendemos o conceito de subsistência, isto é, a necessidade de que a existência das coisas esteja fundada em um sujeito que não pode, ele próprio, ser predicado de nenhuma outra coisa, e, até mesmo, que não podemos ter nenhum conceito da possibilidade de tal coisa (embora possamos indicar exemplos de seu uso na experiência); de forma similar, que a mesma incompreensibilidade afeta também a comunidade de coisas, por não podermos compreender absolutamente como se poderia extrair, da situação de uma coisa, uma consequência acerca da situação de outras coisas inteiramente distintas e externas a ela (e vice-versa), nem como substâncias dotadas cada qual de sua própria existência separada podem depender uma da outra e, na verdade, necessariamente. Não obstante, estou longe de tomar esses conceitos como derivados tão somente da experiência e a necessidade que neles se representa como fictícia e mera ilusão imposta a nós por um longo hábito; pelo contrário, mostrei suficientemente que tanto eles como os princípios que deles se extraem valem *a priori* antes de toda experiência, e têm uma indubitável correção objetiva, embora, é certo, apenas em relação à experiência.

§ 28

Portanto, embora não possa minimamente conceber tal conexão entre as coisas em si mesmas, isto é, como elas podem existir como substâncias ou atuar como causas ou estar em comunidade umas com as outras (como partes de um todo real), e, menos ainda, pensar essas propriedades em aparecimentos enquanto aparecimentos (porque esses conceitos não contêm nada que esteja nos aparecimentos, mas sim algo que só o entendimento deve pensar), ainda assim temos em nosso entendimento e, com efeito, em juízos em geral, um conceito dessa conexão de representações, a saber, que as representações participam em um tipo de juízo como um sujeito em relação a um predicado, em outro tipo, como fundamento em relação à consequência, e, em um terceiro, como partes que, juntas, compõem uma cognição possível como um todo. Além disso, sabemos *a priori* que, sem considerar a representação de um objeto como determinada em relação a um ou outro desses momentos, não poderíamos ter nenhuma cognição válida para o objeto; e, se nos ocupássemos do objeto em si mesmo, não haveria nenhuma característica singular pela qual eu pudesse reconhecê-

-lo como estando determinado em relação a um ou outro desses mencionados momentos, ou seja, como pertencendo ao conceito de substância, ou de causa, ou (em relação a outras substâncias) ao conceito de comunidade, pois não tenho qualquer conceito da possibilidade de tal conexão de existências. A questão, porém, não é como coisas em si mesmas estariam determinadas em relação aos mencionados momentos de juízos em geral, mas como a cognição de coisas pela experiência está assim determinada, isto é, como coisas enquanto objetos de experiência podem e devem ser subsumidas a esses conceitos do entendimento. É claro, então, que compreendo perfeitamente não apenas a possibilidade, mas também a necessidade de subsumir todos os aparecimentos a esses conceitos, isto é, de empregá-los como princípios da possibilidade da experiência.

§ 29

Para pôr à prova o conceito problemático de Hume (sua *crux metaphysicorum*), a saber, o conceito de causa, a lógica me fornece, em primeiro lugar e de maneira *a priori*, a forma de um juízo condicional em geral, isto é, o uso de uma dada cognição como fundamento e de outra como consequência. Mas é possível que na percepção se encontre uma regra da relação que diga que certo aparecimento é constantemente seguido por outro (embora não de modo inverso); e este é um caso para servir-me do juízo hipotético e dizer, por exemplo: se um corpo é iluminado pelo Sol por um tempo suficiente, então ele se aquece. É verdade que, aqui, não há ainda uma necessidade da conexão e por isso tampouco há o conceito de causa. Mas vou adiante e digo: para que a proposição acima, que é meramente uma conexão subjetiva de percepções, seja uma proposição de experiência, ela deve ser considerada como válida de maneira necessária e universal. Essa proposição seria: o Sol, mediante sua luz, é a causa do calor. Essa regra empírica é agora considerada como uma lei, e, de fato, como valendo não apenas para aparecimentos, mas para esses aparecimentos com vistas a uma experiência possível que necessita de regras válidas de forma geral e, portanto, necessariamente. Assim, compreendo muito bem o conceito de causa como pertencendo necessariamente à mera forma da experiência, e sua possibilidade como uma união sintética das percepções em uma consciência em geral; mas não compreendo absolutamente a possibilidade de uma coisa em geral como causa, exatamente porque o conceito de causa indica uma condição que não se liga de nenhum modo às coisas, mas apenas à experiência, a saber, que esta só pode ser uma cognição objetivamente válida de aparecimentos e de sua sucessão no tempo se o aparecimento antecedente puder ser conjugado ao aparecimento subsequente de acordo com a regra dos juízos hipotéticos.

§ 30

Desse modo, tampouco os conceitos puros do entendimento têm qualquer significado se se afastam dos objetos da experiência e pretendem referir-se a coisas em si mesmas (*noumena*). Eles servem, por assim dizer, apenas para soletrar aparecimentos de modo que se possa lê-los como experiência; os princípios que surgem de sua relação com o mundo dos sentidos servem a nosso entendimento apenas para uso na experiência; para além disso, são combinações arbitrárias sem realidade objetiva, cuja possibilidade não pode ser conhecida *a priori*, nem sua referência a objetos atestada por nenhum exemplo ou sequer tornada compreensível, porque todos os exemplos só podem ser tomados de alguma experiência possível, com o que tampouco os objetos desses conceitos podem ser encontrados em parte alguma exceto em uma experiência possível.

Essa completa solução do problema de Hume, embora contrária às expectativas de seu autor, resgata, assim, para os conceitos puros do entendimento, sua origem *a priori*, e, para as leis universais da natureza, sua validade enquanto leis do entendimento; mas de tal maneira que limita seu uso apenas à experiência, porque sua possibilidade funda-se apenas na relação do entendimento com a experiência, não, porém, fazendo com que esses conceitos se derivem da experiência, mas que a experiência se derive deles, um tipo de conexão completamente às avessas, que nunca ocorreu a Hume.

Disso decorre o seguinte resultado de todas as precedentes investigações: "Todos os princípios sintéticos *a priori* nada mais são que princípios de experiência possível", e jamais podem se referir a coisas em si mesmas, mas apenas a aparecimentos enquanto objetos da experiência. Consequentemente, mesmo a matemática pura, assim como a ciência pura da natureza, jamais podem dizer respeito senão a simples aparecimentos, e só podem representar ou aquilo que torna possível a experiência em geral, ou aquilo que, na medida em que se deriva desses princípios, deve sempre poder ser representado em alguma experiência possível.

§ 31

Desse modo, tem-se agora, finalmente, algo determinado em que se pode apoiar em todas as empreitadas metafísicas que até agora, bastante ousadas, mas sempre às cegas, passaram por cima de tudo sem distinção. Nunca ocorreu a pensadores dogmáticos que o alvo de seus esforços poderia estar colocado tão próximo, nem mesmo àqueles pensadores obstinados em seu suposto bom senso que, munidos de conceitos e princípios da pura razão de fato legítimos e naturais, embora destinados meramente ao uso na experiência, buscaram chegar a descobertas para as quais não conheciam nem podiam conhecer nenhuma fronteira determinada, porque nunca haviam refletido nem sido capazes de refletir sobre a natureza e sequer sobre a possibilidade desse tipo de entendimento puro.

Mais de um naturalista da razão pura (entendo por esse nome alguém que, sem ciência alguma, confia em si mesmo para decidir questões de metafísica) pode muito bem pretender que já há muito tempo, mediante o espírito profético de seu bom senso, não apenas conjecturou, mas soube e teve conhecimento daquilo que está aqui proposto com tanto aparato, ou, se preferir, com prolixa e pedante pomposidade, a saber, "que, com toda nossa razão, jamais podemos ir além do campo das experiências". Mas, visto que ele deve admitir, quando seus princípios racionais são gradualmente questionados, que muitos deles não foram obtidos da experiência e, portanto, são dela independentes e válidos *a priori*, de que modo e em que base irá, então, manter dentro de limites o dogmatista (e a si próprio) que se vale desses princípios e conceitos para ultrapassar toda experiência possível, justamente porque estes são conhecidos independentemente dela? E mesmo esse adepto do senso comum não está tão certo, a despeito de todas as suas pretensões a uma sabedoria adquirida a baixo preço, de que não avançará, sem perceber, além dos objetos da experiência até o campo das quimeras. E, de fato, ele está muitas vezes ali embrenhado, se bem que consiga, por meio da linguagem popular, em que tudo passa apenas por probabilidade, conjectura racional ou analogia, dar alguma cobertura a suas infundadas alegações.

§ 32

Já desde os primeiros tempos da filosofia, os investigadores da razão pura julgaram que, além dos seres dos sentidos ou aparecimentos (*phaenomena*) que constituem o mundo sensível, havia ainda peculiares seres do entendimento (*noumena*), que constituiriam um mundo inteligível; e como tomavam aparecimento e ilusão como a mesma coisa (o que bem se pode desculpar em uma era ainda inculta), atribuíam realidade apenas aos seres do entendimento.

De fato, se considerarmos, como é razoável, os objetos dos sentidos como meros aparecimentos, admitimos com isso, ao mesmo tempo, que eles têm uma coisa em si mesma como seu fundamento, embora não saibamos como ela está em si constituída, mas conhecemos apenas seu aparecimento, isto é, o modo pelo qual nossos sentidos são afetados por esse algo desconhecido. O entendimento, portanto, justamente por admitir aparecimentos, também concede a existência de coisas em si mesmas, e, nessa medida, podemos dizer que a representação desses seres que estão na base dos aparecimentos, e, com isso, de puros seres do entendimento, é não apenas admissível, mas também inevitável.

Nossa dedução crítica não exclui absolutamente essas coisas (os *noumena*), mas apenas limita os princípios da estética de modo que não se estendam a todas as coisas, com o que tudo se transformaria em mero aparecimento, mas sejam válidos apenas para objetos de uma experiência possível. Portanto, admitem-se com isso seres do entendimento, embora insistindo nesta regra que não admite exceção: que não conhecemos nem podemos conhecer nada de determinado sobre esses puros seres do entendimento, dado que tanto nossos conceitos puros do entendimento quanto nossas intuições puras não dizem respeito a nada além de objetos da experiência possível, ou seja, a meros seres dos sentidos, e, tão logo nos afastamos destes, não resta mais àqueles conceitos o menor significado.

§ 33

Há, de fato, algo insidioso em nossos conceitos puros do entendimento, em vista da tentação de seu uso transcendente, que é como denomino o uso que ultrapassa toda experiência possível. Não apenas nossos conceitos de substância, força, ação, realidade, etc. são completamente independentes da experiência e não contêm, além disso, nenhum aparecimento dos sentidos, parecendo, portanto, referir-se de fato a coisas em si mesmas (*noumena*), mas também, o que fortalece mais ainda essa suposição, contêm em si uma necessidade de determinação que a experiência jamais atinge. O conceito de causa contém uma regra segundo a qual um estado segue necessariamente a outro, mas a experiência só nos pode mostrar que um estado de coisas frequentemente, ou, no máximo, constantemente segue a outro, não podendo, assim, produzir nem estrita universalidade, nem necessidade, etc.

Assim, os conceitos do entendimento parecem ter muito mais significado e conteúdo do que se toda sua função se esgotasse no simples uso na experiência, e desse modo o entendimento inadvertidamente constrói, sobre a casa da experiência, uma ala muito mais extensa, que ele enche de meros seres inteligíveis, sem jamais notar que, com esses conceitos, de outro modo legítimos, ele transgrediu as fronteiras de seu uso.

§ 34

Eram necessárias, portanto, duas investigações importantes, ou melhor, totalmente indispensáveis, embora extremamente áridas, que foram empreendidas na *Crítica*, p. 137 e seguintes e p. 235 e seguintes [A137/B176 e seguintes, A235/B294 e seguintes]; na primeira mostrou-se que os sentidos não fornecem os conceitos puros do entendimento *in concreto*, mas apenas o esquema para seu uso, e que o objeto que a ele se conforma encontra-se apenas na experiência (como o produto do entendimento a partir dos materiais da sensibilidade). Na segunda investigação (*Crítica*, p. 235), mostrou-se que, não obstante nossos conceitos e princípios puros do entendimento serem independentes da experiência, e não obstante, até mesmo, a extensão aparentemente maior de seu uso, nada que ultrapasse o campo da experiência pode ser pensado por meio deles, porque tudo que podem fazer é somente determinar a forma lógica do juízo acerca de intuições dadas; e como não há nenhuma intuição fora do campo da sensibilidade, esses conceitos puros estão desprovidos de todo significado, na medida em que não há nenhum meio de exibi-los *in concreto*; consequentemente, todos esses *noumena*, assim como seu conjunto, um mundo inteligível,[11] nada mais são que representações de um problema cujo objeto

---

11. E não (como se expressa usualmente) um mundo *intelectual*. Pois as *cognições* mediante o entendimento são *intelectuais*, e estas incidem também sobre nosso mundo sensível; mas *objetos* são *inteligíveis* na medida em que podem ser representados *apenas mediante o entendimento*, e nenhuma de nossas intuições sensoriais pode se referir a eles. Mas como a todo objeto deve corresponder alguma intuição possível, seria preciso, então, supor um entendimento que intuísse coisas sem mediação, mas deste, porém, não temos a menor noção, e tampouco, portanto, dos *seres inteligíveis* aos quais ele deveria remeter.

é, em si, certamente possível, mas cuja solução, dada a natureza de nosso entendimento, é inteiramente impossível, pois nosso entendimento não é uma faculdade de intuição, mas apenas da conexão de intuições dadas em uma experiência, que deve conter, portanto, todos os objetos para nossos conceitos; fora dela, contudo, todos os conceitos serão sem significado, pois não há nenhuma intuição que lhes possa servir de base.

IV: 317

§ 35

Talvez se possa desculpar à imaginação que por vezes divague, isto é, não se mantenha cuidadosamente dentro dos limites da experiência, pois ao menos será avivada e fortalecida por esse voo livre, e será sempre mais fácil moderar sua ousadia que remediar sua lassidão. Que o entendimento, porém, que deve *pensar*, venha em vez disso a *divagar*, isso jamais lhe pode ser perdoado, pois é dele, unicamente, que depende toda a ajuda para impor fronteiras, quando necessário, aos devaneios da imaginação.

O entendimento começa a fazê-lo de maneira inocente e modesta. Primeiro, ele traz à luz as cognições elementares que nele estão presentes antes de toda experiência, mas devem, não obstante, ter nesta sua aplicação. Gradualmente, ele remove essas restrições, e o que o impediria de fazê-lo, já que o entendimento tomou livremente seus princípios de si mesmo? E agora ele se dirige, inicialmente, a forças recém-inventadas na natureza; logo depois, a seres fora da natureza, em uma palavra, a um mundo para cujo preenchimento não nos podem faltar materiais, visto que são abundantemente supridos por uma fértil invenção, e, embora não sejam de fato confirmados pela experiência, jamais são refutados por ela. É esta também a razão pela qual pensadores jovens amam tanto a metafísica feita à maneira puramente dogmática, e muitas vezes sacrificam a ela seu tempo e seu talento que, de outro modo, lhes seriam úteis.

Mas em nada nos ajuda querer moderar esses infrutíferos esforços da razão pura por meio de variadas advertências contra a dificuldade de resolver questões tão profundamente obscuras, de queixas sobre os limites de nossa razão, e da redução das asserções a meras conjecturas. Pois, se a *impossibilidade* de tais esforços não for precisamente demonstrada e se o *autoconhecimento* da razão não se tornar uma verdadeira ciência, em que o campo de seu uso legítimo se distinga com certeza geométrica (por assim dizer) da do seu uso vazio e estéril, então esses esforços fúteis jamais serão inteiramente abandonados.

§ 36
Como é possível a própria natureza?

Esta questão, que é o ponto mais alto que a filosofia transcendental pode alguma vez alcançar e ao qual, como sua fronteira e conclusão, ela deve ser levada, contém propriamente duas questões.

Primeiramente: como é possível a natureza no significado *material*, a saber, segundo a intuição, enquanto o conjunto dos aparecimentos; como são possíveis o espaço, o tempo e aquilo que preenche ambos, o objeto da sensação? A resposta é: mediante a constituição de nossa sensibilidade, segundo a qual esta é tocada, da maneira que lhe é peculiar, por objetos que lhe são em si mesmos desconhecidos e inteiramente distintos desses aparecimentos. Essa resposta, no próprio livro, é dada na Estética transcendental, mas, aqui, nos *Prolegômenos*, na solução da primeira questão principal.

Em segundo lugar: como é possível a natureza no significado *formal*, enquanto conjunto das regras às quais todos os aparecimentos devem estar subordinados para que possam ser pensados como conectados em uma experiência? A resposta não pode ser senão que ela é possível apenas mediante a constituição de nosso entendimento, segundo a qual todas essas representações da sensibilidade são referidas necessariamente a uma consciência, e por meio da qual se torna possível, em primeiro lugar, a maneira de operar característica de nosso entendimento, a saber, por meio de regras, e, em seguida, mediante essas regras, a experiência, que deve ser inteiramente distinguida do conhecimento dos objetos em si mesmos. Essa resposta, no próprio livro, é dada na Lógica transcendental, mas, aqui, nos *Prolegômenos*, no curso da solução da segunda questão principal.

A questão, porém, de como essa peculiar propriedade de nossa sensibilidade é ela própria possível, ou a de nosso entendimento e da necessária apercepção que subjaz a ele e a todo pensamento, não pode ser adicionalmente analisada e respondida, porque sempre precisamos fazer uso dela para toda resposta e para todo pensamento sobre objetos.

Há muitas leis da natureza que só podemos conhecer por experiência, mas a conformidade a leis na conexão dos aparecimentos, isto é, a natureza em geral, nenhuma experiência nos permite conhecê-la, porque a própria experiência necessita dessas leis, que estão *a priori* na base de sua possibilidade.

Portanto, a possibilidade da experiência em geral é, ao mesmo tempo, a lei universal da natureza, e os princípios da primeira são, eles próprios, as leis da última. Pois não conhecemos a natureza senão como o conjunto dos aparecimentos, isto é, das representações em nós, e não podemos, por isso, obter as leis de sua conexão de nenhum outro lugar exceto dos princípios de sua conexão em nós, isto é, das condições da unificação necessária em uma consciência, unificação essa que constitui a possibilidade da experiência.

Mesmo a proposição principal que foi desenvolvida por toda esta seção, de que se pode conhecer *a priori* leis universais da natureza, já conduz, por si mesma, à proposição de que a mais alta legislação da natureza deve estar em nós mesmos, isto é, em nosso entendimento, e que não devemos obter essas leis universais a partir da natureza por meio da experiência, mas, ao contrário, procurar a natureza, no que respeita a sua conformidade universal a leis, apenas nas condições da possibilidade da experiência que se encontram em nossa sensibilidade e entendimento; pois, se assim não fosse, como seria possível conhecermos *a priori* essas leis, dado que elas certamente não são algo como leis da cognição analítica, mas genuínas amplificações sintéticas desta? Essa concordância, sem dúvida necessária, dos princípios da experiência possível com as leis da possibilidade da natureza só pode ocorrer por duas razões: ou essas leis são obtidas da natureza por meio da experiência, ou, ao contrário, a natureza é derivada das leis da possibilidade da experiência em geral, sendo completamente idêntica à mera conformidade universal desta última a leis universais. A primeira contradiz a si própria, pois as leis naturais universais podem e devem ser conhecidas *a priori* (isto é, independentemente de toda experiência) e postas como fundamento de todo uso empírico do entendimento; resta, portanto, apenas a segunda.[12]

Devemos, contudo, distinguir as leis empíricas da natureza, que sempre pressupõem percepções particulares, das leis naturais puras ou universais, que, sem estarem fundadas em percepções particulares, contêm meramente as condições para a necessária unificação destas em uma experiência, e, em relação a leis desse tipo, natureza e experiência *possível* são uma e a mesma coisa; e como, nesta última, a conformidade a leis funda-se na conexão necessária dos aparecimentos em uma experiência (sem o que não poderíamos conhecer minimamente nenhum objeto do mundo sensível) e, consequentemente, nas leis originais do entendimento, então, ainda que soe inicialmente estranho, é todavia certo que eu diga, acerca destas últimas: *o entendimento não extrai suas leis (a priori) da natureza, mas as prescreve a ela.*

§ 37

Vamos elucidar essa proposição aparentemente ousada mediante um exemplo que deve mostrar que as leis que descobrimos em objetos da intuição sensorial, especialmente se as conhecemos como necessárias, são tomadas por nós como tendo sido ali colocadas pelo entendimento, embora, sob todos os outros aspectos, sejam semelhantes às leis naturais que atribuímos à experiência.

---

12. Apenas Crusius conhecia um meio-termo, a saber, que um espírito que não pode nem enganar-se nem enganar a outrem implantou em nós originalmente essas leis da natureza. Mas como falsos princípios frequentemente aí se misturam, como o próprio sistema desse homem fornece não poucos exemplos, parece, então, muito precário usar esse princípio na ausência de critérios seguros para distinguir uma origem autêntica de uma espúria, pois nunca se pode saber ao certo o que pode ter sido colocado em nós pelo espírito da verdade ou pelo pai das mentiras.

§ 38

Quando se consideram as propriedades do círculo pelas quais essa figura unifica de um só golpe, em uma regra universal, tantas determinações arbitrárias do espaço em seu interior, não se pode evitar atribuir uma natureza a essa coisa geométrica. Assim, por exemplo, duas linhas que se cortam e, ao mesmo tempo, cortam o círculo, por mais arbitrariamente que tenham sido traçadas, sempre o fazem de maneira tão regular que o retângulo formado pelas partes de uma linha é igual ao retângulo formado pelas partes da outra. Pergunto, então: "Está essa lei no círculo ou no entendimento?", ou seja, será que esta figura contém em si mesma, independentemente do entendimento, o fundamento dessa lei, ou é o entendimento que, ao construir ele próprio a figura de acordo com seus conceitos (a saber, a igualdade dos raios), insere nela a lei de que cordas cortam-se mutuamente em proporção geométrica? Ao percorrer as provas dessa lei, logo se descobre que só é possível derivá-la da condição que o entendimento tomou como base para a construção da figura, a saber, a igualdade dos raios. Ora, se expandirmos esse conceito de modo a buscar ainda mais longe a unidade das múltiplas propriedades de figuras geométricas sob leis comuns e considerarmos o círculo como uma seção cônica que se subordina, portanto, exatamente às mesmas condições fundamentais de construção das outras seções cônicas, descobrimos que todas as cordas que se cortam no interior destas últimas: da elipse, da parábola e da hipérbole, sempre o fazem de modo que os retângulos formados por suas partes, embora não sejam, por certo, iguais, sempre mantêm iguais relações um com o outro. Se avançarmos daí até as doutrinas fundamentais da astronomia física, surge uma lei física de atração recíproca estendendo-se a toda a natureza material, cuja regra é que ela decresce em relação inversa ao quadrado da distância de cada ponto atrativo, exatamente como crescem as superfícies esféricas nas quais essa força se espalha, uma lei que parece residir necessariamente na natureza das próprias coisas, e que, por isso, costuma ser apresentada como cognoscível *a*

IV: 321

priori. Ora, por mais simples que sejam as fontes dessa lei, na medida em que repousam meramente na relação de superfícies esféricas de distintos raios, sua consequência é, todavia, tão valiosa com respeito à variedade e regularidade de sua concordância que dela se segue não apenas que todas as possíveis órbitas dos corpos celestiais são seções cônicas, mas também que suas relações mútuas são tais que nenhuma outra lei de atração, exceto a do inverso do quadrado da distância, pode ser concebida como apropriada ao sistema do mundo.

Eis aqui, portanto, uma natureza fundada em leis que o entendimento conhece *a priori* e, em especial, a partir de princípios universais da determinação do espaço. Pergunto agora: estão essas leis da natureza no espaço e o entendimento simplesmente as descobre quando busca investigar a abundância de sentido que há no espaço, ou estão elas no entendimento e na maneira pela qual este determina o espaço de acordo com as condições da unidade sintética para a qual todos os seus conceitos estão dirigidos? O espaço é algo tão uniforme e tão indeterminado com respeito a todas as propriedades específicas que ninguém, com certeza, buscará nele um repositório de leis naturais. Por outro lado, aquilo que determina o espaço na figura de um círculo, de um cone ou de uma esfera é o entendimento, na medida em que contém o fundamento da unidade da construção dessas figuras. Assim, a mera forma universal da intuição denominada espaço é, certamente, o substrato de todas as intuições determináveis em objetos particulares, e nele se encontra, sem dúvida, a condição da possibilidade e variedade dessas intuições, mas a unidade dos objetos é determinada apenas por meio do entendimento e, com efeito, segundo condições que residem na sua própria natureza; e assim o entendimento é a origem da ordem universal da natureza, na medida em que abarca todos os aparecimentos sob suas próprias leis e desse modo produz, em primeiro lugar, experiência *a priori* (com respeito a sua forma), em virtude da qual tudo o que deve ser conhecido apenas por meio da experiência é necessariamente subordinado às suas leis. Pois não estamos lidando com a natureza das *coisas em si mesmas*, que é independente das condições tanto de nosso sentido quanto de nosso entendimento, mas com a natureza enquanto um objeto de experiência possível, e, assim, o entendimento, ao tornar a experiência possível, faz, ao mesmo tempo, com que o mundo sensível ou não seja nenhum objeto da experiência, ou seja uma natureza.

§ 39
Apêndice à ciência pura da natureza.
Sobre o sistema das categorias

Nada pode ser mais desejável para um filósofo que ser capaz de derivar *a priori* de um único princípio a multiplicidade de conceitos ou princípios básicos que antes lhe foram apresentados de forma dispersa no uso que deles fizera *in concreto*, e, dessa maneira, poder unificá-los todos em uma cognição. Antes, ele apenas acreditava que aquilo que restava após uma determinada abstração, e que, pela mútua comparação, parecia constituir uma espécie particular de cognições, tinha sido reunido de forma completa, mas tratava-se apenas de um *agregado*; agora, ele sabe que são exatamente esses tantos, nem mais nem menos, que podem constituir essa espécie de cognição, e percebeu a necessidade de sua divisão, o que é o mesmo que compreendê-la, e agora, pela primeira vez, ele tem um *sistema*.

Extrair da cognição ordinária os conceitos que não têm nenhuma experiência particular como seu fundamento e estão, mesmo assim, presentes em toda cognição a partir da experiência, da qual eles constituem, por assim dizer, a mera forma da conexão, não pressuporia maior reflexão ou discernimento do que extrair de uma linguagem as regras para o uso efetivo das palavras, e, assim, compilar os elementos de uma gramática (de fato, ambas as investigações são muito aparentadas) sem, por isso, ser capaz de dar uma razão pela qual qualquer linguagem determinada deva ter precisamente esta e não outra constituição formal, e, menos ainda, por que precisamente estas tantas determinações formais da linguagem, nem mais nem menos, podem ser alguma vez encontradas.

IV: 323

Aristóteles havia compilado dez desses conceitos puros elementares sob o nome de categorias.[13] A estes, que também eram chamados predicamentos, ele mais tarde viu-se forçado a acrescentar outros cinco pós-predicamentos[14] que já estavam em parte incluídos entre os primeiros (como *prius, simul, motus*), mas esta rapsódia poderia ser considerada antes como uma pista para futuras investigações (e, por isso, merecedora de aplauso) do que como uma ideia metodicamente desenvolvida, e, desse modo, com o maior esclarecimento da filosofia, ser do mesmo modo rejeitada como completamente inútil.

Ao investigar os elementos puros da cognição humana (aqueles que não contêm nada de empírico), tive primeiramente sucesso, após uma longa reflexão, em distinguir e separar de maneira confiável os conceitos elementares puros da sensibilidade (espaço e tempo) dos do entendimento. Foram, desse modo, excluídas daquela lista a sétima, a oitava e a nona categorias. As restantes de nada me podiam servir, pois não se dispunha de nenhum princípio segundo o qual o entendimento pudesse ser inteiramente mensurado e todas as suas funções, das quais se originam seus conceitos puros, determinadas de forma exaustiva e com precisão.

Para descobrir, porém, esse princípio, procurei por um ato do entendimento que contivesse todos os outros e se distinguisse apenas pelas várias modificações ou momentos, a fim de reunir a multiplicidade das representações sob a unidade do pensamento em geral, e descobri que esse ato do entendimento consiste em julgar. Tinha diante de mim, já pronto, embora não inteiramente livre de defeitos, o trabalho dos lógicos, por meio do qual fiquei em condição de apresentar uma tábua completa das funções puras do entendimento, que se mantinham, contudo, indeterminadas com respeito a qualquer objeto. Relacionei, enfim, essas funções do juízo a objetos em geral ou, antes, às condições para determi-

---

13. 1. *Substantia*; 2. *Qualitas*; 3. *Quantitas*; 4. *Relatio*; 5. *Actio*; 6. *Passio*; 7. *Quando*; 8. *Ubi*; 9. *Situs*; 10. *Habitus*. (Substância, qualidade, quantidade, relação, ação, afecção, tempo, lugar, posição, estado.)
14. *Oppositum, Prius, Simul, Motus, Habere*. (Oposição, anterioridade, simultaneidade, movimento, posse.)

nar juízos como objetivamente válidos, e daí surgiram conceitos puros do entendimento sobre os quais não poderia ter dúvidas de que apenas estes, precisamente, e estes tantos, nem mais nem menos, podem compor nossa inteira cognição de coisas a partir do simples entendimento. Chamei-os, como era apropriado, *categorias*, segundo seu antigo nome, reservando-me, com isso, o direito de acrescentar integralmente, sob o nome de *predicáveis*, todos os conceitos que delas se podem derivar, quer conectando-as reciprocamente ou com a pura forma dos aparecimentos (espaço e tempo), ou com a matéria destes, na medida em que esta não está ainda determinada empiricamente (o objeto da sensação em geral), tão logo se chegasse a um sistema da filosofia transcendental, em prol do qual eu tinha, à época, ocupado-me apenas com a própria crítica da razão.

O essencial, porém, nesse sistema das categorias, pelo que ele se distingue daquela antiga rapsódia que procede sem nenhum princípio, e unicamente em virtude do que ele merece ser contado como filosofia, consiste em que, através dele, o verdadeiro significado dos conceitos puros do entendimento e a condição de seu uso podiam ser exatamente determinados. Pois assim se mostrou que, por si mesmos, eles nada mais são que funções lógicas, embora, enquanto tais, não constituam minimamente nenhum conceito de um objeto em si mesmo, mas necessitem que a intuição sensorial esteja em sua base, e, mesmo então, sirvam apenas para determinar juízos empíricos – que, de outro modo, são indeterminados e indiferentes em relação a todas as funções do juízo – acerca destas, provendo-lhes desse modo uma validade universal e, por meio desta, tornando possíveis os *juízos de experiência* em geral.

Essa compreensão da natureza das categorias, que, ao mesmo tempo, restringia seu uso apenas à experiência, jamais ocorreu nem a seu primeiro autor nem a ninguém depois dele; mas, sem essa compreensão (que depende precisamente da derivação ou dedução das mesmas), as categorias são de todo inúteis e não passam de uma reles lista de nomes, sem explicação ou regra para seu uso. Se algo desse tipo tivesse alguma vez ocorrido aos antigos, então, sem dúvida, todo o estudo da cognição pela pura razão que, sob o nome de metafísica, arruinou tantas boas cabeças no decurso dos séculos teria chegado a nós de uma forma completamente diferente e teria iluminado o entendimento humano em vez de, como efetivamente aconteceu, exauri-lo em áridas e frustradas ruminações, tornando-o imprestável para a verdadeira ciência.

Ora, esse sistema das categorias, por sua vez, sistematiza o tratamento de qualquer objeto da razão pura, provendo uma indubitável indicação ou fio condutor sobre como, e através de quais etapas de investigação, uma consideração metafísica deve ser dirigida para tornar-se completa, pois ele exaure todos os momentos do entendimento aos quais se subsumem todos os outros conceitos. Da mesma maneira surge também a tábua dos princípios, de cuja completude só é possível assegurar-se por meio do sistema das categorias; e mesmo na divisão dos conceitos que se supõe ir além do uso fisiológico do entendimento (*Crítica*, p. 344, e também p. 415), há sempre o mesmo fio condutor que, por ter de ser conduzido sempre ao longo dos mesmos pontos fixos determinados *a priori* no entendimento humano, forma a cada vez um círculo fechado, que não deixa nenhuma dúvida de que o objeto de um conceito puro do entendimento ou da razão, na medida em que deve ser examinado filosoficamente e de acordo com princípios *a priori*, possa ser completamente conhecido desse modo. Não pude nem mesmo deixar de fazer uso desse guia em relação a uma das mais abstratas dentre as classificações ontológicas, a saber, a múltipla diferenciação dos *conceitos de algo e de nada*, e, consequentemente, de estabelecer uma tábua necessária governada por regras (*Crítica*, p. 292).[15]

15. Em relação a uma tábua de categorias como a proposta, todo tipo de elegantes observações podem ser feitas, tais como: 1. que a terceira categoria provém da primeira e da segunda conjugadas em um conceito; 2. que, nas categorias da quantidade e da qualidade, há meramente uma progressão da unidade para a totalidade, ou do algo para o nada (para esse propósito, as categorias da qualidade devem ser assim dispostas: Realidade, Limitação, Negação), sem *correlata* ou *opposita*, ao passo que as da relação e modalidade carregam estes consigo; 3. que, assim como na *tábua lógica* juízos categóricos subjazem a todos os demais, do mesmo modo a categoria de substância subjaz a todos os conceitos de coisas reais; 4. que, assim como em um juízo a modalidade não é um predicado particular, também os conceitos modais não acrescentam uma determinação às coisas, etc.; e considerações desse tipo têm,

Esse próprio sistema, como todo verdadeiro sistema fundado em um princípio universal, também exibe sua inestimável utilidade ao expelir todos os conceitos estranhos que, de outro modo, poderiam misturar-se a esses conceitos puros do entendimento, e ao determinar um lugar para cada cognição. Esses conceitos, que, sob o nome de *conceitos de reflexão*, também dispus em uma tábua segundo o fio condutor das categorias, misturam-se na ontologia aos puros conceitos do entendimento sem privilégio e pretensões legítimas, embora estes últimos sejam conceitos de conexão e, com isso, do próprio objeto, e aqueles, porém, apenas conceitos da mera comparação de conceitos já dados, tendo, portanto, uma natureza e um emprego completamente distintos; e desse amálgama eles são extricados por meio de minha divisão governada por leis (*Crítica*, p. 260). Mas a utilidade dessa distinta tábua de categorias mostra-se ainda mais claramente se, como logo será feito, separarmos das categorias a tábua dos conceitos transcendentais da razão, que têm uma natureza e uma origem completamente diferentes das dos conceitos do entendimento (de sorte que [ela] deve ter também uma forma diferente), uma separação tão necessária que, entretanto, jamais ocorreu em nenhum sistema de metafísica, em que essas ideias da razão e os conceitos do entendimento apareciam juntos sem distinção, como se fossem irmãos pertencentes a uma mesma família, uma mistura que jamais se podia evitar na falta de um sistema peculiar de categorias.

todas elas, uma grande utilidade. Se, além destas, forem enumerados todos os *predicáveis*, que podem ser obtidos de forma bastante completa em qualquer boa ontologia (por exemplo, na de Baumgarten), e ordenados em classes sob as categorias, sem deixar de acrescentar uma análise tão completa quanto possível de todos esses conceitos, surgirá então uma parte puramente analítica da metafísica, que ainda não contém nenhuma proposição sintética e poderia preceder a segunda parte (a parte sintética), e, pela sua precisão e completude, teria não apenas utilidade, mas, em virtude de seu caráter sistemático, também certa beleza.

Terceira parte da questão transcendental principal. Como é possível a metafísica em geral?

§ 40

A matemática pura e a ciência pura da natureza não teriam necessitado, *para sua própria solidez* e certeza, de nenhuma dedução como a que realizamos até agora para ambas; pois a primeira apoia-se em sua própria evidência, e a segunda, embora surgindo de fontes puras do entendimento, apoia-se na experiência e em sua contínua confirmação; não podendo renunciar inteiramente ao testemunho desta última e dispensá-lo, pois, apesar de toda sua certeza, não pode, enquanto filosofia, equiparar-se à matemática. Assim, ambas as ciências necessitaram da investigação precedente não para si próprias, mas com vistas a outra ciência, a saber, a metafísica.

A metafísica, além dos conceitos próprios da natureza que sempre encontram sua aplicação na experiência, ocupa-se ainda de conceitos puros da razão que jamais são dados em nenhuma experiência possível, ou seja, conceitos cuja realidade objetiva (o fato de que não são meras fantasias) e asserções cuja verdade ou falsidade não podem ser confirmadas ou descobertas por nenhuma experiência; e essa parte da metafísica é, além disso, precisamente a que constitui seu fim essencial, para o qual todo o restante é apenas um meio, e por isso essa ciência necessita *para si própria* de tal dedução. A terceira questão que agora se põe diante de nós diz respeito, portanto, ao núcleo e à marca característica da metafísica, a saber, a ocupação da razão simplesmente consigo mesma e a familiaridade com objetos que se presume surgir imediatamente do fato de que ela incuba seus próprios conceitos sem necessitar da intermediação da experiência, e que sequer pode ser alcançada de algum modo por meio desta.[16]

Sem uma solução para essa questão, a razão jamais estará satisfeita consigo mesma. O uso na experiência, ao qual a razão limita o entendimento puro, não preenche inteiramente toda a vocação da razão. Cada experiência individual é apenas uma parte de toda a esfera de seu domínio, mas a *totalidade absoluta de toda experiência possível* não é, ela própria, uma experiência e, contudo, ainda é um problema necessário para a razão, para cuja mera representação ela necessita de conceitos inteiramente diferentes dos conceitos puros do entendimento, cujo uso é apenas *imanente*, isto é, referente à experiência tanto quanto esta pode ser dada, ao passo que os conceitos da razão se estendem à completude, isto é, à unidade coletiva de toda a experiência possível, e, desse modo, excedem qualquer experiência dada e se tornam *transcendentes*.

Portanto, assim como o entendimento necessitava das categorias para a experiência, a razão contém em si a base para ideias, pelo que entendo conceitos necessários cujo objeto, contudo, não *pode* ser dado em nenhuma experiência. Estes últimos são tão inerentes à natureza da razão quanto as primeiras à do entendimento; e se as ideias carregam consigo uma ilusão que pode facilmente enganar, essa ilusão é inevitável, embora se possa muito bem conseguir "que ela não nos desencaminhe".

Como toda ilusão consiste em tomar por objetiva a base subjetiva de um juízo, o conhecimento que a razão pura tem de si mesma em seu uso transcendente (hiperbólico) será a única prevenção contra os erros em que a razão cai ao interpretar erroneamente sua vocação e referir transcendentalmente ao objeto

---

16. Se se pode dizer que uma ciência é *real*, pelo menos na ideia de toda a humanidade, a partir do instante em que se determinou que os problemas que a ela conduzem são postos diante de todos pela natureza da razão humana, e, portanto, que muitas tentativas (ainda que fracassadas) de solucionar esses problemas são inevitáveis, também se deverá dizer que a metafísica é subjetivamente real (e o é necessariamente); e então perguntaremos de forma correta como ela é (objetivamente) possível.

em si mesmo aquilo que concerne apenas a seu próprio sujeito e à condução deste em todo uso imanente.

§ 41

A distinção entre as *ideias*, isto é, os conceitos puros da razão, e as categorias, ou conceitos puros do entendimento, como cognições de tipos, origens e usos completamente diferentes, é uma peça tão importante para a fundação de uma ciência que pretenda conter o sistema de todas essas cognições *a priori* que, sem essa divisão, a metafísica é absolutamente impossível, ou, no máximo, um esforço desordenado e grosseiro de construir um castelo de cartas sem conhecer os materiais com que se está lidando e sua adequação a um fim ou outro. Mesmo que o único resultado da *Crítica da razão pura* tivesse sido pôr à vista pela primeira vez essa distinção, já teria com isso contribuído mais para elucidar nossa concepção do campo da metafísica e aí guiar nossa investigação do que todos os infrutíferos esforços que foram anteriormente empreendidos para resolver os problemas transcendentes da razão pura, sem jamais suspeitar que poderíamos nos encontrar em um nível completamente diferente do do entendimento e que, por conseguinte, mencionaram de um só golpe os conceitos do entendimento junto com os da razão, como se fossem de uma única espécie.

IV: 329

§ 42

Todas as cognições puras do entendimento são tais que seus conceitos podem ser dados na experiência e seus princípios se deixam confirmar por ela; ao contrário, as cognições transcendentes da razão não permitem que o que se relaciona a suas *ideias* seja dado na experiência, nem que suas *teses* sejam alguma vez confirmadas ou refutadas pela experiência; assim, apenas a pura razão pode descobrir o erro que porventura nelas se infiltre, embora isto seja muito difícil de ser feito, porque essa mesma razão se torna naturalmente dialética mediante suas ideias, e essa ilusão inevitável não pode ser mantida dentro de limites por nenhuma investigação dogmática e objetiva das coisas, mas apenas por uma investigação subjetiva da própria razão, enquanto fonte das ideias.

§ 43

Sempre dediquei, na *Crítica*, a máxima atenção a como eu poderia não apenas distinguir cuidadosamente os tipos de cognição, mas também derivar todos os conceitos pertencentes a cada um deles de sua fonte comum, de modo que pudesse não apenas determinar seu uso com certeza, por estar informado de sua origem, mas também dispor da ainda insuspeitada, mas inestimável vantagem de conhecer *a priori*, isto é, segundo princípios, que a enumeração, classificação e especificação desses conceitos estavam completas. Sem isso, tudo na metafísica é pura rapsódia, na qual nunca se sabe se o que se possui já é o suficiente, ou se, e onde, algo ainda poderia estar faltando. É claro que essa vantagem só se pode obter na filosofia pura, mas constitui a essência desta.

Como eu havia encontrado a origem das categorias nas quatro funções lógicas de todos os juízos do entendimento, era completamente natural buscar a origem das ideias nas três funções dos silogismos, pois, uma vez que estiverem dados esses conceitos puros da razão (ideias transcendentais), então, se não se quiser tomá-los como inatos, não se poderia, de fato, encontrá-los em parte alguma senão nesse próprio ato da razão que, na medida em que se relaciona apenas à forma, constitui o elemento lógico no silogismo, mas, na medida em que representa os juízos do entendimento como estando determinados com respeito a uma ou outra forma *a priori*, constitui os conceitos transcendentais da razão pura.

A distinção formal dos silogismos torna necessária sua divisão em categóricos, hipotéticos e disjuntivos. Portanto, os conceitos da razão neles fundados contêm, em primeiro lugar, a ideia do sujeito completo (o substancial), em segundo, a ideia da série completa de condições, e, em terceiro, a determinação de todos os conceitos na ideia de um conjunto completo do possível.¹⁷ A primeira ideia era psicológica, a segunda cosmológica, a terceira teológica; e como todas as três dão origem a uma dialética, embora cada uma à sua maneira, nisso se funda a divisão de toda a dialética da razão pura no paralogismo, na antinomia e, finalmente, no ideal da razão pura; uma divisão por meio da qual se pode ter plena certeza de que todas as pretensões da razão pura estão aqui inteiramente representadas, sem que possa faltar uma única delas, pois a própria faculdade da razão, da qual todas se originam, fica assim completamente mensurada.

IV: 331

§ 44

Nestas considerações gerais, merece ainda ser notado que as ideias da razão, diferentemente das categorias, não nos servem de modo algum para o emprego do entendimento em relação à experiência, mas são de todo dispensáveis em relação a esta e, de fato, contrárias e impeditivas das máximas da cognição da natureza pela razão, embora ainda sejam necessárias para outro objetivo ainda por determinar. Que a alma seja ou não uma substância simples pode nos ser completamente indiferente para explicar os seus aparecimentos, pois não podemos, mediante qualquer experiência possível, tornar inteligível sensorialmente, e, com isso, *in concreto*, o conceito de um ser simples, que é, portanto, inteiramente vazio com respeito a qualquer esperada compreensão da causa dos aparecimentos, e não pode servir como um princípio de explicação daquilo que é fornecido pela experiência interna ou externa. Tampouco podem as ideias cos-

---

17. Em juízos disjuntivos consideramos *toda possibilidade* como dividida em relação a certo conceito. O princípio ontológico da completa determinação de uma coisa em geral (de todos os possíveis predicados contraditórios, cada coisa possui um deles), que é ao mesmo tempo o princípio de todos os juízos disjuntivos, funda-se no conjunto de toda possibilidade, no qual a possibilidade de cada coisa em geral é tomada por determinável. Serve como uma pequena elucidação da proposição acima o fato de que o ato da razão em silogismos disjuntivos é o mesmo quanto à forma que aquele pelo qual ela forma a ideia de um conjunto de toda a realidade, que contém em si os membros positivos de todos os predicados contraditórios.

mológicas do início do mundo ou de sua eternidade (*a parte ante*) servir-nos para explicar, a partir delas, qualquer evento no próprio mundo. Finalmente, de acordo com uma correta máxima da filosofia natural, devemos evitar toda explicação da organização da natureza extraída da vontade de um ser supremo, pois isso não é mais filosofia natural, mas uma admissão de que chegamos ao fim dela. Essas ideias têm, portanto, seu uso voltado para uma destinação completamente diferente da das categorias por meio das quais (e dos princípios que a partir delas se constroem) a própria experiência se torna em primeiro lugar possível. No entanto, nossa laboriosa analítica do entendimento teria sido inteiramente supérflua se nossa intenção não se dirigisse para nada além da mera cognição da natureza na medida em que essa cognição pode ser dada na experiência, pois a razão conduz seus assuntos com muita segurança e eficiência tanto na matemática como na ciência natural, mesmo sem nenhuma sutil dedução desse tipo; portanto, nossa crítica do entendimento se junta às ideias da pura razão para um propósito que ultrapassa o uso do entendimento na experiência, apesar de termos dito acima que seu uso para esse fim é inteiramente impossível e desprovido de objeto e significado. Deve haver, porém, uma concordância entre o que pertence à natureza da razão e à do entendimento, e a primeira deve contribuir para o aperfeiçoamento do segundo, e não é possível que venha a confundi-lo.

A solução dessa questão é a seguinte: a razão pura, em suas ideias, não tem em vista objetos particulares situados além do campo da experiência, mas exige apenas a completude no uso do entendimento em conexão com a experiência. Essa completude, entretanto, só pode ser uma completude dos princípios, não das intuições e objetos. Mesmo assim, para representar esses princípios de maneira determinada, a razão os concebe como a cognição de um objeto, uma cognição que está completamente determinada com respeito a essas regras, mas cujo objeto é apenas uma ideia concebida para trazer a cognição do entendimento o mais próximo possível da completude que essa ideia significa.

§ 45
Observação preliminar sobre a dialética da razão pura

Mostramos acima (§§ 33, 34) que a pureza das categorias quanto a toda mistura de determinações sensoriais pode seduzir a razão a estender seu uso inteiramente para além de toda experiência, até as coisas em si mesmas; mas, visto que as próprias categorias não encontram nenhuma intuição que pudesse provê--las de significado e sentido *in concreto*, elas não podem, por si sós, prover nenhum conceito determinado de uma coisa qualquer, se bem que possam, com efeito, enquanto meras funções lógicas, representar uma coisa em geral. Ora, objetos hiperbólicos desse tipo são o que denominamos *noumena* ou puros seres do entendimento (melhor: seres do pensamento), tais como, por exemplo, *substância*, mas pensada sem *persistência no tempo*, ou uma *causa*, que, no entanto, *não* atuasse *no tempo*, etc., pois se atribuem a eles predicados que só servem para tornar possível a conformidade da experiência a leis, e, contudo, deles se retiram todas as condições da intuição unicamente sob as quais a experiência é possível, com o que esses conceitos perdem mais uma vez todo significado.

Não há perigo, porém, de que o entendimento, por si só, sem ser impelido por leis que lhe venham de fora, vá extraviar-se tão irresponsavelmente para além de suas fronteiras no campo dos meros seres de pensamento. Mas quando a razão, que jamais se satisfaz inteiramente com nenhum uso das regras do entendimento na experiência, já que este sempre permanece condicionado, exige a completação dessa cadeia de condições, então o entendimento é empurrado para fora de seu círculo, seja para representar os objetos da experiência em séries que são tão extensas que nenhuma experiência pode abrangê-las, seja até mesmo (buscando completá-las) para procurar, inteiramente fora dessa experiência, por *noumena* aos quais a razão possa atrelar essa cadeia e, com isso, tendo escapado, por fim, das condições da experiência, possa abarcar tudo em suas mãos. Estas são, pois, as ideias transcendentais que, por mais que, de acordo com o verdadeiro, mas oculto fim da determinação natural de nossa razão, estejam dirigidas não a conceitos extravagantes, mas somente à

IV: 333

expansão ilimitada do uso dos conceitos na experiência, induzem, contudo, mediante uma ilusão inevitável, o entendimento a um uso *transcendente* que, embora enganador, não pode ser mantido dentro de limites por nenhuma decisão de permanecer no interior das fronteiras da experiência, mas apenas por meio de instrução científica e à custa de muito esforço.

§ 46
Ideias psicológicas (*Crítica*, p. 341 e seguintes)

Há muito se observou que em todas as substâncias o verdadeiro sujeito, a saber, aquilo que resta após serem removidos todos os acidentes (enquanto predicados), e, com isso, o próprio *substancial*, nos é desconhecido; e várias queixas têm sido feitas quanto a esses limites de nossa compreensão. Mas é preciso observar que não se deve atribuir culpa ao entendimento humano por não conhecer o substancial das coisas, isto é, por não poder por si só determiná-lo, mas sim por aspirar a conhecer, de maneira determinada, como um objeto dado, aquilo que é apenas uma ideia. A pura razão exige que, para cada predicado de uma coisa, busquemos seu correspondente sujeito, e para esse sujeito, que, por sua vez, é necessariamente apenas um predicado, busquemos em seguida seu sujeito, e assim por diante até o infinito (ou até onde chegarmos). Mas disso se segue que nada que podemos atingir deve ser tomado como um sujeito último, e que o próprio substancial jamais poderia ser pensado por nosso entendimento, por mais penetrante que fosse, ainda que toda a natureza lhe fosse revelada, pois a natureza específica de nosso entendimento consiste em pensar tudo discursivamente, isto é, por meio de conceitos, consequentemente, por meio de meros predicados, dos quais o sujeito absoluto deve estar, portanto, sempre ausente. Por isso, todas as reais propriedades pelas quais conhecemos corpos – mesmo a impenetrabilidade, que deve ser sempre representada apenas como o efeito de uma força – são meros acidentes para os quais não dispomos de um sujeito. Parece, contudo, que teríamos esse elemento substancial na consciência de nosso eu (no sujeito pensante), e, de fato, em uma intuição imediata; pois todos os predicados do sentido interno referem-se ao *eu* enquanto sujeito, e este não pode mais ser pensado como predicado de algum outro sujeito. Aqui parece, portanto, que a completude na referência dos conceitos dados, enquanto predicados, a um sujeito não é mera ideia, mas que o objeto, a saber, o próprio *sujeito absoluto*, está dado na experiência. Essa, porém, é uma expectativa frustrada. Pois o *eu* não é de modo algum um conceito,[18] mas apenas uma designação do objeto do sentido interno, na medida em que não podemos conhecê-lo adicionalmente por meio de nenhum predicado; com isso, embora ele, em si, não possa ser o predicado de nenhuma outra coisa, tampouco pode ser um conceito determinado de um sujeito absoluto, mas apenas, como em todos os outros casos, a referência dos aparecimentos internos ao seu sujeito desconhecido. Não obstante, por um mal-entendido completamente natural, essa ideia (que, como princípio regulativo, funciona perfeitamente bem para aniquilar completamente todas as explicações materialistas dos aparecimentos internos de nossa alma) dá origem a um argumento que, a partir dessa suposta cognição do elemento substancial de nosso ser pensante, busca inferir sua natureza, o que é muito capcioso, na medida em que o conhecimento deste situa-se completamente fora do conjunto da experiência.

§ 47

Mas embora esse eu pensante (a alma), enquanto o sujeito último do pensamento que não pode, ele próprio, ser representado como predicado de outra coisa, possa, com efeito, ser chamado substância, esse conceito permanece, entretanto, completamente vazio e sem nenhuma consequência se não se puder provar sua

---

18. Se a representação da apercepção, o *eu*, fosse um conceito por meio do qual alguma coisa pudesse ser pensada, ele poderia então ser usado como predicado de outras coisas, ou conter em si tais predicados. Mas ele não é nada mais que um sentimento de uma existência sem o mínimo conceito, apenas uma representação daquilo com que todo pensamento se relaciona (*relatione accidentis*).

persistência, que é o que torna frutífero o conceito de substância no campo da experiência.

A persistência, contudo, jamais pode ser provada a partir do conceito de uma substância como uma coisa em si, mas apenas com vistas à experiência. Isto foi suficientemente demonstrado na primeira analogia da experiência (*Crítica*, p. 182), e todo aquele que não admitir essa prova pode experimentar por si mesmo se terá sucesso em provar, a partir do conceito de um sujeito que não existe, ele próprio, como predicado de outra coisa, que a existência desse sujeito é inteiramente persistente e que ele não pode, nem por si mesmo nem por alguma causa natural, começar a existir ou desaparecer. Proposições sintéticas *a priori* como estas jamais podem ser provadas em si mesmas, mas apenas em relação a coisas enquanto objetos de uma experiência possível.

§ 48

Se, portanto, a partir do conceito da alma enquanto substância quisermos inferir sua persistência, isso só pode ser válido para ela para os propósitos da experiência possível, e não enquanto uma coisa em si mesma e situada além de toda experiência. Mas a vida é a condição subjetiva de toda nossa possível experiência; consequentemente, só se pode inferir a persistência da alma durante a vida, pois a morte do ser humano é o fim de toda experiência no que respeita à alma como um objeto da experiência, enquanto não se provar o contrário, que é justamente o ponto em questão. Portanto, a persistência da alma só pode ser provada durante a vida de um ser humano (algo que ninguém, com certeza, contestará), mas não após a morte (que é, efetivamente, o que nos interessa) e, na verdade, a partir da razão universal de que o conceito de substância, na medida em que deve ser considerado como conectado necessariamente com o conceito de persistência, só pode estar assim conectado segundo um princípio da experiência possível, e, portanto, apenas em relação a esta última.[19]

---

19. É, de fato, muito notável quão descuidadamente os metafísicos passam por

§ 49

Que às nossas percepções externas não apenas corresponde, mas deve corresponder alguma coisa real fora de nós não pode, do mesmo modo, jamais ser provado para uma conexão das coisas em si mesmas, mas pode muito bem sê-lo para os propósitos da experiência. Isto equivale a dizer que se pode perfeitamente bem provar que algo existe de maneira empírica fora de nós, por conseguinte, como um aparecimento no espaço, pois não estamos de modo algum lidando com objetos que não pertencem a uma experiência possível, precisamente porque tais objetos não nos podem ser dados em nenhuma experiência e, portanto, nada são para nós. Fora de mim, empiricamente, está aquilo que pode ser intuído no espaço, e como esse espaço, juntamente com todos os aparecimentos que ele contém, pertence àquelas representações cuja conexão segundo as leis da experiência prova sua verdade objetiva exatamente como a conexão dos aparecimentos do sentido interno prova a realidade de minha alma (como um objeto do sentido interno), segue-se que estou, por meio dos aparecimentos externos, tão consciente da reali-

---

alto pelo princípio da persistência das substâncias, sem jamais tentar apresentar uma prova dele, sem dúvida porque tão logo abordavam o conceito de substância viam-se completamente desprovidos de todo meio de prová-lo. O senso comum, estando bem consciente de que, sem essa suposição, nenhuma unificação de percepções em uma experiência seria possível, compensou esse defeito por meio de um postulado, pois jamais poderia extrair esse princípio da própria experiência, em parte porque esta não pode acompanhar suficientemente as coisas materiais (substâncias) ao longo de todas as suas alterações e dissoluções a ponto de descobrir que a matéria nunca diminui, em parte porque o princípio contém *necessidade*, que é sempre o sinal de um princípio *a priori*. Aplicaram então confiantemente esse princípio ao conceito da alma como uma *substância*, e inferiram sua necessária continuidade após a morte do ser humano (principalmente porque a simplicidade dessa substância, que tinha sido inferida da indivisibilidade da consciência, servia-lhe de garantia contra o desaparecimento pela dissolução). Se tivessem descoberto a genuína fonte desse princípio, o que, todavia, teria requerido uma investigação muito mais profunda do que jamais desejaram encetar, teriam então visto que essa lei da persistência da substância só tem lugar com vistas à experiência, e, portanto, só pode valer para coisas na medida em que são conhecidas e conectadas com outras coisas na experiência, mas jamais para coisas independentemente de toda experiência possível, e, portanto, tampouco para a alma após a morte.

dade dos corpos enquanto aparecimentos externos no espaço como estou, por meio da experiência interna, consciente da existência, no tempo, de minha alma, a qual conheço apenas como um objeto do sentido interno por meio de aparecimentos que constituem um estado interno, e cujo ser em si mesmo, que subjaz a esses aparecimentos, me é desconhecido. O idealismo cartesiano, portanto, distingue apenas entre experiência externa e sonho, e entre a conformidade a leis como um critério da verdade da primeira e o desregramento e a falsa ilusão do segundo. Ele pressupõe, nos dois casos, espaço e tempo como condições da existência dos objetos e apenas pergunta se os objetos do sentido externo encontram-se efetivamente no espaço no qual os colocamos quando estamos despertos, bem como se o objeto do sentido interno, a alma, está efetivamente no tempo, isto é, se a experiência carrega consigo critérios seguros para distingui-la da imaginação. Aqui, a dúvida pode ser facilmente removida, e sempre a removemos na vida comum ao investigar a conexão dos aparecimentos em ambos os casos de acordo com leis universais da experiência, e se a representação de coisas externas concorda consistentemente com isso, não podemos duvidar de que elas constituam genuína experiência. Dado que os aparecimentos só são considerados como tais segundo sua conexão com a experiência, o idealismo material pode ser, portanto, muito facilmente superado, e a experiência de que existem corpos fora de nós (no espaço) é tão segura como a de que eu mesmo existo segundo a representação do sentido interno (no tempo); pois o conceito *fora de nós* significa apenas existência no espaço. Visto, contudo, que o eu na proposição *eu existo* não significa meramente o objeto da intuição interna (no tempo), mas também o sujeito da consciência, assim como um corpo não significa meramente intuição externa (no espaço), mas também a coisa *em si mesma* que subjaz a esse aparecimento, então a questão sobre se os corpos (enquanto aparecimentos do sentido externo) existem *fora de meu pensamento* como corpos na natureza pode ser respondida negativamente sem hesitação; mas exatamente o mesmo ocorre quanto à questão sobre se eu próprio, *enquanto aparecimento do sentido interno* (a alma, segundo a psicologia empírica), existo no tempo fora de meu poder de representação; e também esta deve ser respondida negativamente. Desse modo, tudo é conclusivo e certo, quando apresentado em sua verdadeira significação. O idealismo formal (que antes chamei idealismo transcendental) efetivamente supera o idealismo material ou cartesiano. Pois, se o espaço nada mais é que uma forma de minha sensibilidade, então ele é, enquanto uma representação em mim, tão real quanto eu próprio, e resta apenas a questão da verdade empírica dos aparecimentos nesse espaço. Mas, se não é assim, e o espaço e os aparecimentos nele forem algo existente fora de nós, então todos os critérios da experiência fora de nossa percepção jamais poderão provar a realidade desses objetos fora de nós.

§ 50
Ideias cosmológicas (*Crítica*, p. 405 e seguintes)

Este produto da razão pura em seu uso transcendente é seu mais notável fenômeno e, de todos, o que mais fortemente atua para despertar a filosofia de seu sono dogmático e impeli-la para o difícil afazer da própria crítica da razão.

Chamo essa ideia cosmológica porque ela sempre toma seu objeto apenas do mundo sensível, e não necessita de outro mundo além daquele cujo objeto é um objeto dos sentidos; nessa medida, ela é autóctone, não transcendente, e, por conseguinte, ainda não é, sob esse aspecto, uma ideia. Ao contrário, pensar a alma como uma substância simples já equivale a pensá-la como um objeto (o simples) do tipo que não pode de modo algum ser representado aos sentidos. Apesar disso, a ideia cosmológica expande em tão alto grau a conexão do condicionado com sua condição (seja esta matemática ou dinâmica) que a experiência jamais pode igualá-la e, portanto, quanto a esse ponto, é sempre uma ideia cujo objeto jamais pode ser dado adequadamente em nenhuma experiência.

§ 51

Em primeiro lugar, a utilidade de um sistema das categorias revela-se aqui de forma tão clara e inequívoca que, mesmo que não houvesse muitas outras provas dele, bastaria esta para demonstrar sua indispensabilidade ao sistema da razão pura. Não há mais que quatro dessas ideias transcendentes, tantas quantas são as classes de categorias; contudo, em cada uma dessas classes, elas se referem apenas à completude absoluta da série de condições para um dado condicionado. De acordo com essas ideias cosmológicas, também só há quatro tipos de asserções dialéticas da razão pura, que se revelam dialéticas porque a cada uma delas se opõe uma asserção contraditória que está de acordo com princípios igualmente plausíveis da razão pura, um conflito que não pode ser evitado por nenhuma arte metafísica das mais sutis distinções, mas que exige do filósofo retornar às primeiras fontes da própria razão pura. Essa antinomia, que de modo algum foi arbitrariamente inventada, mas está fundada na natureza da razão humana e é, portanto, inevitável e permanente, contém as seguintes quatro proposições, juntamente com suas opostas:

1.
Tese
O mundo, segundo o tempo e o espaço, tem um *começo* (uma fronteira).

Antítese
O mundo, segundo o tempo e o espaço, é *infinito*.

2.
Tese
Tudo no mundo é constituído pelo *simples*.

Antítese
Não há nada simples, mas tudo é *composto*.

3.
Tese
Existem no mundo causas pela *liberdade*.

Antítese
Não há liberdade, mas tudo é *natureza*.

4.
Tese
Na série de causas no mundo há algum *ser necessário*.

Antítese
Não há nela nada necessário, mas, nessa série, *tudo é contingente*.

§ 52

Eis aqui o mais estranho fenômeno da razão humana, do qual não se pode indicar nenhum exemplo em qualquer de seus outros usos. Se, como de costume acontece, pensarmos os aparecimentos do mundo sensível como coisas em si mesmas, se tomarmos os princípios de sua conexão como princípios universalmente válidos para coisas em si mesmas e não apenas para a experiência, como é comum, se não mesmo inevitável sem nossa Crítica; então se introduz um inesperado conflito que jamais pode ser resolvido pela via dogmática usual, porque tanto a tese quanto a antítese podem ser demonstradas mediante provas igualmente evidentes, claras e incontestáveis – pois eu respondo pela correção de todas essas provas –, e a razão se vê, portanto, dividida contra si mesma; uma situação que faz o cético regozijar-se, mas deve produzir reflexão e desconforto no filósofo crítico.

IV: 340

§ 52b

Em metafísica, é possível agir desastradamente de vários modos sem recear incorrer em uma inverdade. Pois basta não se contradizer, o que é certamente possível no caso de proposições sintéticas, ainda que inteiramente fictícias, para que jamais possamos ser refutados pela experiência, desde que os conceitos que conectamos sejam meras ideias que não podem de nenhum modo (no que diz respeito a seu inteiro conteúdo) ser dadas na experiência. Pois como pretenderíamos decidir pela experiência se o mundo existe desde a eternidade ou se teve um começo, se a matéria é infinitamente divisível ou está constituída de partes simples? Conceitos assim não podem ser dados nem mesmo na máxima experiência possível e, com isso, a incorreção da tese afirmativa ou negativa não pode ser descoberta por esse meio.

O único caso possível em que a razão poderia revelar, a contragosto, sua dialética secreta, a qual representa falsamente como dogma, é aquele em que, fundando uma asserção em um princípio universalmente reconhecido, ela derivasse de algum outro princípio igualmente aceito, com a máxima correção no modo de inferência, uma asserção exatamente oposta. Mas é isso o que ocorre aqui de forma efetiva com relação a quatro ideias naturais da razão, das quais resultam, de um lado, quatro asserções e, de outro, outras tantas contra-asserções, cada uma delas seguindo-se consistentemente de princípios universalmente aceitos, revelando com isso a ilusão dialética da razão pura no uso desses princípios, que, de outro modo, teria permanecido oculta para sempre.

Eis, portanto, uma prova decisiva que deve necessariamente nos revelar uma falha oculta nas pressuposições da razão.[20] Duas proposições mutuamente contraditórias não podem ambas ser falsas, exceto se o conceito que subjaz às duas for ele próprio contraditório; por exemplo, as duas proposições: um círculo quadrado é redondo, e um círculo quadrado não é redondo, são ambas falsas. Pois, quanto à primeira, é falso que o mencionado círculo seja redondo, porque ele é um quadrado; mas também é falso que não seja redondo, isto é, que tenha cantos, porque é um círculo. Pois a marca lógica da impossibilidade de um conceito consiste exatamente em que, sob a pressuposição desse conceito, duas proposições contraditórias seriam simultaneamente falsas; e, dado que entre estas não se pode pensar nenhuma terceira proposição, *absolutamente nada* é pensado mediante esse conceito.

§ 52c

Ora, subjacente às duas primeiras antinomias, que denomino matemáticas, pois envolvem uma soma ou divisão de algo ho-

---

20. Desejo, por isso, que o leitor crítico se ocupe principalmente dessa antinomia, pois a própria natureza parece tê-la estabelecido para fazer a razão suspeitar de suas ousadas alegações e forçá-la a se autoexaminar. Comprometo-me a responder por todas as provas que ofereci, tanto da tese como da antítese, e com isso estabelecer a certeza da inevitável antinomia da razão. Se, por esse estranho fenômeno, o leitor for levado a reexaminar a pressuposição que lhe serve de base, sentir-se-á, então, forçado a investigar mais profundamente, junto comigo, a fundação primária de toda cognição da razão pura.

mogêneo, está um conceito contraditório dessa espécie; e assim explico como vem a ocorrer que tanto a tese como a antítese sejam ambas falsas.

Quando falo de objetos no tempo e no espaço, não estou falando de coisas em si mesmas, visto que nada sei sobre estas, mas apenas de coisas no aparecimento, isto é, da experiência enquanto um modo particular de conhecer objetos que foi concedido apenas ao ser humano. Ora, daquilo que penso como situado no espaço ou no tempo não posso dizer que esteja em si mesmo no espaço e no tempo, independentemente desse meu pensamento; pois então estaria contradizendo a mim mesmo, porque espaço e tempo, juntamente com os aparecimentos que neles têm lugar, não são algo existente em si mesmo e fora de minhas representações, mas são, eles próprios, apenas modos de representação, e é obviamente contraditório dizer que um simples modo de representação exista também fora de nossa representação. Os objetos dos sentidos, portanto, existem apenas na experiência; atribuir-lhes, ao contrário, sem a experiência ou anteriormente a ela, uma existência própria e subsistente por si mesma equivale a imaginar que a experiência existiria mesmo sem experiência, ou anteriormente a ela.

IV: 342

Se pergunto agora pela grandeza do mundo no espaço e tempo, então, no que se refere a todos os meus conceitos, é tão impossível asseverar que ele é infinito quanto que ele é finito. Pois nenhuma dessas alternativas pode estar contida na experiência, já que não é possível ter experiência nem de um espaço *infinito* ou de um decurso infinito de tempo, nem de um *confinamento* do mundo por um espaço vazio ou por um tempo vazio precedente; são apenas ideias. Assim, a grandeza do mundo, determinada de um modo ou de outro, deveria existir em si mesma, separada de qualquer experiência. Mas isso contradiz o conceito de um mundo sensível, que é somente um conjunto de aparecimentos cuja existência e conexão têm lugar apenas na representação, a saber, na experiência, porque ele próprio não é uma coisa em si, mas apenas um modo de representação. Disso se segue que, como o conceito de um mundo sensível existindo por si mesmo é autocontraditório, a solução do problema de sua grandeza será também sempre falsa, quer se busque a solução afirmativa ou a negativa.

O mesmo vale para a segunda antinomia, que diz respeito à divisão dos aparecimentos. Pois estes são meras representações, e as partes existem apenas em sua representação, consequentemente, na divisão, isto é, em uma experiência possível na qual sejam dadas, e a primeira avança apenas até onde a segunda alcança. Supor que um aparecimento, por exemplo, o de um corpo, contenha em si mesmo, antes de toda experiência, todas as partes que a experiência possível alguma vez poderá atingir, significa outorgar a um mero aparecimento, que só pode existir na experiência, uma existência própria anterior à experiência, ou dizer que meras representações existem antes de serem encontradas na faculdade de representação, o que é autocontraditório e também contradiz toda solução desse problema malposto, quer se afirme que os corpos em si consistem de um número infinito de partes ou de um número finito de partes simples.

§ 53

Na primeira classe da antinomia (a matemática), a falsidade da pressuposição consistia em que algo autocontraditório (a saber, um aparecimento enquanto coisa em si mesma) era representado em um conceito como compatível. No que respeita, porém, à segunda classe da antinomia (a saber, a dinâmica), a falsidade da pressuposição consiste em que aquilo que é compatível é representado como contraditório; consequentemente, enquanto no primeiro caso ambas as asserções opostas eram falsas, aqui, por sua vez, aquelas que foram contrapostas por simples mal-entendido podem ser ambas verdadeiras.

A conexão matemática necessariamente pressupõe a homogeneidade das coisas conectadas (no conceito de grandeza), ao passo que a conexão dinâmica não exige isso de modo algum. Quando se trata da grandeza de algo extenso, todas as partes devem ser homogêneas entre si e com o todo; por seu turno, na conexão de causa e efeito, também se pode encontrar homogeneidade, mas ela não é necessária, pois o conceito de causalidade (pelo qual, mediante uma coisa, outra coisa completamente diferente é posta), ao menos, não a requer.

Se os objetos do mundo sensível fossem tomados como coisas em si mesmas, e as leis naturais acima mencionadas como leis das coisas em si mesmas, a contradição seria inevitável. Do mesmo modo, se o sujeito da liberdade fosse representado, à semelhança dos demais objetos, como um mero aparecimento, a contradição, mais uma vez, não poderia ser evitada, pois a mesma coisa estaria sendo simultaneamente afirmada e negada de um mesmo objeto no mesmo sentido. Mas, se a necessidade natural refere-se apenas aos aparecimentos e a liberdade apenas a coisas em si mesmas, então nenhuma contradição se produz, desde que os dois tipos de causalidade sejam igualmente assumidos ou admitidos, por mais difícil ou impossível que seja tornar concebível uma causalidade do último tipo.

No aparecimento, todo efeito é um evento, ou algo que acontece no tempo; e deve, de acordo com a lei universal da natureza, ser precedido por uma determinação da causalidade de sua causa (um estado desta), da qual ele se segue de acordo com uma lei constante. Mas essa determinação da causa para a causalidade também deve ser algo *que* se passa ou *acontece*; a causa deve ter *começado* a *agir*, pois, de outro modo, não se poderia pensar nenhuma sucessão no tempo entre ela e o efeito. O efeito teria sempre existido, bem como a causalidade da causa. Portanto, a *determinação* da causa a *agir* deve também ter surgido entre os aparecimentos e, assim, tal como seu efeito, deve ser um evento, o qual, por sua vez, deve ter uma causa, e assim por diante, e, consequentemente, a necessidade natural deve ser a condição pela qual as causas eficientes são determinadas. Se, ao contrário, a liberdade fosse uma propriedade de certas causas de aparecimentos, ela deveria, em relação a estes últimos enquanto eventos, ser uma faculdade de dar início a eles *por si mesma* (*sponte*), isto é, sem que a causalidade da causa tivesse, ela própria, de começar e, portanto, sem ter necessidade de nenhum outro fundamento para determinar seu início. Mas então *a causa*, quanto a sua causalidade, não deveria estar submetida à determinação temporal de seu estado, isto é, *não* deveria ser abso-

IV: 344

lutamente um *aparecimento*, ou seja, teria de ser tomada como uma coisa em si mesma, e apenas os *efeitos* como *aparecimentos*.[21] Se essa espécie de influência de seres inteligíveis em aparecimentos puder ser pensada sem contradição, então a necessidade natural estará, de fato, associada a toda conexão de causa e efeito no mundo sensível; contudo, a liberdade deverá ser atribuída a essa causa que não é, ela própria, nenhum aparecimento (embora lhe sirva de base), e assim natureza e liberdade podem ser atribuídas sem contradição à mesma coisa, mas em diferentes relações, em um caso como aparecimento, em outro como uma coisa em si mesma.

Temos em nós uma faculdade que não apenas está em ligação com seus fundamentos subjetivamente determinantes, que são as causas naturais de suas ações e, nessa medida, a faculdade de um ser que pertence, ele próprio, aos aparecimentos, mas está também relacionada a fundamentos objetivos que são meras ideias, na medida em que estes podem determinar essa faculdade; uma ligação que é expressa pela palavra *dever*. Essa faculdade chama-se *razão*, e, na medida em que consideramos um ser (o ser humano) somente em relação a essa razão objetivamente determinável, ele não pode ser considerado um ser dos sentidos; antes, essa propriedade imaginada é a propriedade de uma coisa em si mesma, cuja possibilidade – qual seja, como o *dever*, ainda que nunca tenha atuado, determinaria a atividade desse ser e poderia ser a causa de

---

21. A ideia de liberdade tem lugar apenas na relação do *intelectual*, enquanto causa, ao *aparecimento*, enquanto efeito. Não podemos, portanto, atribuir liberdade à matéria com base na incessante atividade pela qual ela preenche seu espaço, mesmo se essa atividade decorre de um princípio interno. Tampouco podemos encontrar qualquer conceito de liberdade adequado a um ser puramente inteligível, como Deus, na medida em que sua ação é imanente. Pois sua ação, embora independente de causas que a determinem do exterior, está não obstante determinada em sua eterna razão, portanto, na *natureza* divina. Só quando *algo* deve *começar* por meio de uma ação, e, portanto, o efeito encontrar-se na série temporal e, por conseguinte, no mundo sensível (por exemplo, o começo do mundo), é que surge a questão de se a causalidade da causa deve, ela própria, também ter um começo, ou se a causa pode originar um efeito sem que sua própria causalidade tenha um começo. No primeiro caso, o conceito dessa causalidade é um conceito da necessidade natural, no segundo, da liberdade. Com isso o leitor verá que, dado que expliquei liberdade como a faculdade de iniciar por si mesma um evento, acertei exatamente com aquele conceito que é o problema da metafísica.

ações cujo efeito é um aparecimento no mundo sensível – é algo que não podemos absolutamente compreender. Contudo, a causalidade da razão com respeito aos efeitos no mundo sensível seria, não obstante, liberdade, na medida em que *fundamentos objetivos*, que são eles próprios ideias, são tomados como determinantes com respeito a essa causalidade. Pois sua ação não dependeria, então, de nenhuma condição subjetiva, consequentemente, de nenhuma condição temporal e tampouco, portanto, da lei natural que serve para determinar essas condições, pois os fundamentos da razão fornecem a regra para ações de maneira universal, a partir de princípios, sem influência das circunstâncias de tempo e lugar.

O que acrescento aqui vale apenas como exemplo, para fins de compreensão, e não concerne necessariamente a nossa questão, que deve ser decidida a partir de meros conceitos, independentemente das propriedades que encontramos no mundo real.

Posso agora dizer sem contradição: todas as ações de seres racionais, na medida em que são aparecimentos (são encontradas em alguma experiência), submetem-se à necessidade natural; mas essas mesmas ações, se referidas apenas ao sujeito racional e sua faculdade de agir de acordo com a mera razão, são livres. Que se requer, pois, para a necessidade natural? Nada além da determinabilidade de todo evento no mundo sensível de acordo com leis constantes, logo, uma relação com uma causa no aparecimento, enquanto a coisa em si mesma, que lhe subjaz, e sua causalidade permanecem desconhecidas. Mas eu digo que *a lei da natureza permanece*, quer o ser racional seja uma causa de efeitos no mundo sensível pela razão e, portanto, mediante a liberdade, quer não os determine a partir de bases racionais. Pois, no primeiro caso, a ação ocorre de acordo com máximas cujo efeito no interior do aparecimento sempre estará conforme a leis constantes; no segundo, em que a ação não ocorre segundo princípios da razão, ela está submetida às leis empíricas da sensibilidade, e em ambos os casos os efeitos estão conectados de acordo com leis constantes; nada mais exigimos para a necessidade natural e, com efeito, nada mais sabemos sobre ela. No primeiro caso, contudo, a razão é a causa dessas leis naturais e é, portanto, livre; no segundo caso, o efeito ocorre de acordo com meras leis naturais da sensibilidade, porque a razão não exerce influência sobre elas; mas a própria razão não está, por isso, determinada pela sensibilidade (o que é impossível), e é livre, portanto, também nesse caso. Assim, a liberdade não opõe obstáculos à lei natural dos aparecimentos, e tampouco essa lei prejudica a liberdade do uso prático da razão, que está relacionado a coisas em si mesmas como seus fundamentos determinantes.

Desse modo, a liberdade prática, a saber, aquela em que a razão tem uma causalidade de acordo com fundamentos objetivos determinantes, é resgatada, sem que a necessidade natural sofra o menor dano com respeito a esses mesmos efeitos enquanto aparecimentos. Isso também pode ser útil para elucidar o que tínhamos a dizer sobre a liberdade transcendental e sua unificação com a necessidade natural (no mesmo sujeito, mas não em uma mesma relação). Pois, quanto a esta, qualquer início da ação de um ser a partir de causas objetivas é, em relação a esses fundamentos determinantes, sempre um *primeiro início*, embora a mesma ação, na série de aparecimentos, seja apenas um início subordinado, que deve ser precedido por um estado da causa que a determina e que é, ele próprio, determinado da mesma maneira por uma causa imediatamente precedente, de tal modo que, em seres racionais ou em quaisquer seres em geral, desde que sua causalidade seja neles determinada como coisas em si mesmas, pode-se conceber, sem entrar em contradição com as leis da natureza, uma faculdade de dar início, por si próprios, a uma série de estados. Pois a relação de uma ação com os fundamentos objetivos da razão não é uma relação temporal; o que determina aqui a causalidade não precede a ação no tempo, porque esses fundamentos determinantes não representam a relação de objetos aos sentidos, e, portanto, não a causas no aparecimento, mas antes causas determinantes como coisas em si mesmas, não sujeitas a condições temporais. Assim, a ação pode ser considerada como um primeiro início com respeito à causalidade da razão, mas, ao mesmo tempo, como um início meramente subordinado com respeito à série de aparecimentos, e tomada, sem contradição, como livre no primeiro aspecto e (dado que é simples aparecimento) como sujeita à necessidade natural no segundo.

Quanto à *quarta* antinomia, ela é eliminada da mesma forma que o conflito da razão consigo mesma na terceira. Pois basta distinguir a *causa no aparecimento* da *causa do aparecimento*, na medida em que esta última pode ser pensada como uma *coisa em si mesma*, para que as duas proposições possam muito bem coexistir, pois não existe em todo o mundo sensível uma causa (segundo leis similares de causalidade) cuja existência seja absolutamente necessária, e, de outro lado, esse mundo está, não obstante, conectado a um ser necessário como sua causa (mas de outro tipo e segundo outra lei); e a incompatibilidade dessas duas proposições baseia-se apenas no engano de se estender a coisas em si mesmas o que vale apenas para aparecimentos, e, em geral, de misturar os dois em um único conceito.

§ 54

Eis então o enunciado e a solução da inteira antinomia em que a razão se encontra emaranhada na aplicação de seus princípios ao mundo sensível, e da qual mesmo aquele (o simples enunciado) por si só já representaria um considerável ganho para o conhecimento da razão humana, mesmo se a solução desse conflito ainda não satisfizer inteiramente o leitor, que tem aqui de combater uma natural ilusão, que apenas recentemente lhe foi apresentada como tal, após ele a ter tomado até então por verdade. Uma consequência disso é no entanto inevitável, a saber, que como é completamente impossível escapar desse conflito da razão consigo mesma enquanto os objetos do mundo sensível continuarem sendo tomados como coisas em si mesmas e não pelo que eles de fato são, isto é, meros aparecimentos, o leitor é obrigado, por essa razão, a retomar a dedução de toda nossa cognição *a priori*, e o exame que dela forneci, para chegar a uma decisão sobre ela. Mais não exijo, no momento; pois quando, nessa atividade, ele tiver pela primeira vez refletido de maneira suficientemente aprofundada sobre a natureza da razão pura, então os conceitos unicamente por meio dos quais é possível a solução desse conflito já se lhe tornarão familiares, circunstância sem a qual não posso esperar plena aprovação nem mesmo do leitor mais atento.

IV: 348

§ 55
Ideia teológica (*Crítica*, p. 571 e seguintes)

A terceira ideia transcendental, que provê material ao mais importante dentre todos os usos da razão, que é, contudo, hiperbólico (transcendente) e, com isso, dialético se conduzido de forma puramente especulativa, é o ideal da razão pura. Dado que a razão, aqui, diferentemente do que ocorre com as ideias psicológica e cosmológica, não parte da experiência e é levada pela sucessão ascendente dos fundamentos a aspirar, se possível, à absoluta completude de sua série, mas rompe inteiramente com a experiência e, a partir de meros conceitos do que constituiria a absoluta completude de uma coisa em geral (e, portanto, mediante a ideia de um ser original sumamente perfeito), desce até a determinação da possibilidade e com isso também da realidade de todas as outras coisas; então, por tudo isso, a mera pressuposição de um ser que, embora não presente na série de experiências, é, não obstante, pensado em relação à experiência com vistas à compreensibilidade da conexão, ordem e unidade desta, isto é, a *ideia*, é aqui mais fácil de distinguir do conceito do entendimento que nos casos anteriores. Assim, a ilusão dialética que resulta do fato de que tomamos as condições subjetivas de nosso pensamento por condições objetivas das coisas em si mesmas, e uma hipótese que é necessária para a satisfação de nossa razão por um dogma, é aqui facilmente revelada, e, por conseguinte, nada mais tenho a observar sobre as pretensões da teologia transcendental, pois o que a Crítica diz a esse respeito é compreensível, evidente e conclusivo.

§ 56
Nota geral às ideias transcendentais

Os objetos que nos são dados pela experiência são-nos incompreensíveis em variados aspectos, e muitas questões a que somos levados pela lei natural, quando alçadas até certo ponto, embora sempre em conformidade com essas leis, não podem ser de modo algum resolvidas; por exemplo, de onde provém a atração mútua dos corpos materiais. Mas, quando abandonamos completamente a natureza, ou, ao avançar no exame de sua conexão, transcendemos toda experiência possível aprofundando-nos em meras ideias, não podemos dizer, então, que o objeto nos é incompreensível e que a natureza das coisas nos confronta com problemas insolúveis, pois já não estamos mais tratando da natureza, ou, em geral, de objetos dados, mas somente de conceitos que têm sua origem apenas em nossa razão, e de meros seres de pensamento, com relação aos quais todos os problemas originados de seus conceitos devem poder ser resolvidos, pois certamente a razão pode e deve dar uma completa justificação de seus próprios procedimentos.[22] Como as ideias psicológica, cosmológica e teológica são apenas conceitos puros da razão que não podem ser dados em nenhuma experiência, as questões que a razão nos apresenta a seu respeito não nos são propostas pelos objetos, mas antes por simples máximas da razão com vistas a sua autossatisfação, e todas devem poder ser satisfatoriamente respondidas, o que ocorre ao se mostrar que elas são princípios para levar nosso uso do entendimento a um pleno acordo, completude e unidade sintética, e, nessa medida, são válidas apenas para a experiência, embora em sua *totalidade*. Mas, ainda que uma totalidade absoluta da experiência seja impossível, a ideia de uma totalidade da cognição segundo princípios em geral é a única coisa que pode provê-la de um tipo especial de unidade, a saber, a de um sistema, sem o que nossa cognição nada mais é que um fragmento, não podendo ser usada para o fim mais eleva-

IV: 350

---

22. Assim, o Sr. Platner, em seus aforismos, afirma com perspicácia (§ 728, 729): "Se a razão é um critério, então não pode haver nenhum conceito que seja incompreensível para a razão humana. – Só no real a incompreensibilidade tem lugar. Aqui, a incompreensibilidade surge da inadequação das ideias adquiridas." – Isso, portanto, apenas soa paradoxal e, de resto, não é estranho dizer que na natureza muita coisa nos é incompreensível (por exemplo, a faculdade de procriação), mas se nos elevarmos mais e até mesmo ultrapassarmos a natureza, então tudo será de novo compreensível para nós, pois então deixamos inteiramente para trás os *objetos* que nos podem ser dados e passamos a tratar meramente de ideias, com respeito às quais podemos muito bem compreender a lei que a razão, por seu intermédio, prescreve ao entendimento para seu uso na experiência, visto que essa lei é um produto da própria razão.

do (que só pode ser o sistema de todos os fins); e aqui não tenho em vista apenas o uso prático da razão, mas também o fim mais elevado de seu uso especulativo.

As ideias transcendentais expressam, portanto, a peculiar vocação da razão, a saber, como um princípio da unidade sistemática do uso do entendimento. Mas, se essa unidade do modo de cognição for considerada como inerente ao objeto da cognição, se ela, que é propriamente apenas *regulativa*, for tomada por *constitutiva*, e se ficarmos convencidos de que poderíamos, mediante essas ideias, expandir o nosso conhecimento muito além de toda experiência possível e, portanto, de maneira transcendente, então, visto que ela serve apenas para trazer a experiência o mais próximo possível da completude em seu próprio interior, ou seja, não limitar seu progresso por nada que não possa pertencer à experiência, tudo isso é simplesmente uma incompreensão na estimativa da verdadeira vocação de nossa razão e de seus princípios, e uma dialética que, em parte, confunde o uso da razão na experiência e, em parte, põe a razão em conflito consigo mesma.

Conclusão.
Da determinação das fronteiras da razão pura

§ 57

Após as claríssimas provas que oferecemos acima, seria um disparate se esperássemos conhecer, de qualquer objeto, mais do que pertence à experiência possível que temos dele, ou se reivindicássemos sequer o menor conhecimento de qualquer coisa que assumimos não ser um objeto da experiência possível a ponto de determiná-la, segundo sua constituição, tal como é em si mesma; pois por quais meios pretenderíamos realizar essa determinação, já que o tempo, o espaço e todos os conceitos do entendimento, e, mais ainda, aqueles obtidos por meio da intuição empírica ou *percepção* no mundo sensível, não têm e não podem ter nenhum uso além de tornar possível a mera experiência, e, se suprimirmos essa condição mesmo para os conceitos puros do entendimento, eles não mais determinam objeto algum, e deixam de ter qualquer significado?

Seria, porém, um disparate ainda maior, por outro lado, não admitirmos nenhuma coisa em si mesma ou querer apresentar nossa experiência como o único modo de conhecimento das coisas e, com isso, nossa intuição do espaço e tempo como a única intuição possível, nosso entendimento discursivo como o arquétipo de todo entendimento possível e, assim, querer tomar princípios da possibilidade da experiência como condições universais das coisas em si mesmas.

IV: 351

Nossos princípios que limitam o uso da razão apenas à experiência possível poderiam, em consequência, se tornar eles próprios *transcendentes*, e tomar os limites de nossa razão por limites da possibilidade de coisas em si mesmas (do que os *Diálogos* de Hume podem servir como exemplo), se uma cuidadosa crítica não defendesse as fronteiras de nossa razão mesmo com respeito a seu uso empírico, pondo um termo a suas pretensões. O ceticismo brotou originalmente da metafísica e de sua dialética indisciplinada. No início, ele pode ter pretendido, simplesmente em prol do uso da razão na experiência, declarar vazio e enganador tudo que ultrapassasse esse uso; aos poucos, porém, quando se começou a notar que exatamente esses mesmos princípios *a priori* empregados na experiência haviam, de maneira imperceptível e, ao que parece, com o mesmo direito, conduzido para além do que esta alcança, então mesmo os princípios da experiência começaram a ser postos em dúvida. Isso não traz nenhum perigo, pois o sólido senso comum sempre afirmará, aqui, seus direitos; uma confusão peculiar, entretanto, surgiu na ciência, que não pode determinar até que ponto se deve confiar na razão e por que só até aí e não além; e essa confusão só pode ser remediada, e todas as futuras recaídas evitadas, por meio de uma determinação formal das fronteiras do uso da razão, estabelecida a partir de princípios.

É verdade que não podemos prover, para além de toda experiência possível, um conceito determinado do que possam ser as coisas em si mesmas. Mesmo assim, não estamos livres para abstermo-nos inteiramente de toda investigação sobre elas, pois a experiência jamais satisfaz inteiramente a razão, mas nos faz retroagir cada vez mais na resposta às questões, deixando-nos insatisfeitos quanto a sua plena elucidação, como todos podem observar a contento na dialética da razão pura, que, exatamente por essa razão, tem um bom fundamento subjetivo. Pois quem pode suportar que cheguemos, no que respeita à natureza de nossa alma, tanto à clara consciência do sujeito quanto à convicção de que seus aparecimentos não podem ser explicados *materialisticamente* sem perguntar o que é de fato a alma, e, se nenhum conceito da experiência for aqui suficiente, adotar eventualmente um conceito da razão (um ser imaterial simples) apenas para esse propósito, ainda que não possamos de modo algum provar sua realidade objetiva? Quem pode satisfazer-

-se com a mera cognição por meio da experiência em todas as questões cosmológicas sobre a duração e a grandeza do mundo, sobre a liberdade ou a necessidade natural, dado que, por onde for que comecemos, qualquer resposta dada segundo princípios da experiência sempre gera uma nova questão que deve ser igualmente respondida, provando assim claramente a insuficiência de todos os modos físicos de explicação para a satisfação da razão? Finalmente, quem, diante da completa contingência e dependência de tudo que possa pensar ou assumir de acordo com princípios da experiência, não vê a impossibilidade de se deter nestes e não se sente compelido, apesar de toda a proibição de se perder em ideias transcendentes, a buscar, ainda assim, para além de todos os conceitos que pode justificar pela experiência, paz e satisfação no conceito de um ser cuja ideia, de fato, não pode ser entendida em si própria segundo a possibilidade, embora tampouco refutada, porque diz respeito a um simples ser do entendimento, sem o qual, porém, a razão teria de permanecer para sempre insatisfeita?

Fronteiras (em coisas extensas) sempre pressupõem um espaço que se encontra fora de uma locação fixa e que a encerra; limites não requerem nada desse tipo, mas são meras negações que afetam uma grandeza na medida em que ela não possui absoluta completude. Nossa razão, contudo, vê a seu redor como que um espaço para a cognição das coisas em si mesmas, embora nunca possa ter conceitos determinados delas, estando limitada apenas a aparecimentos.

Enquanto a cognição da razão for homogênea, não se pode pensar em nenhuma fronteira determinada para ela. Na matemática e na ciência natural, a razão humana sem dúvida reconhece limites, mas não fronteiras, isto é, reconhece que, fora dela, há algo que jamais poderá alcançar, mas não que ela própria, em sua evolução interior, vá em algum ponto completar-se. A expansão dos conhecimentos na matemática e a possibilidade de sempre novas invenções seguem até o infinito, e o mesmo vale para a descoberta de novas propriedades na natureza, novas forças e leis, por meio de uma experiência contínua e sua unificação pela razão. Ainda assim, devemos reconhecer limites nesse campo, pois a matemática refere-se apenas a *aparecimentos*, e tudo aquilo que não pode ser objeto da intuição sensorial, como os conceitos da metafísica e da moral, está inteiramente fora de sua esfera, e ela nunca pode conduzir a eles, embora tampouco tenha qualquer necessidade disso. Não há, portanto, nenhuma contínua evolução e aproximação em direção a essas ciências, nem, por assim dizer, nenhum ponto ou linha de contato. A ciência natural nunca nos revelará o interior das coisas, isto é, aquilo que não é aparecimento, mas pode servir, não obstante, como o mais elevado fundamento de explicação dos aparecimentos, embora tampouco necessite disso para suas explicações físicas, e, de fato, se esse fundamento lhe fosse oferecido de alguma outra parte (por exemplo, a influência de seres imateriais), a ciência natural deveria rejeitá-lo e de modo algum incluí-lo no desenvolvimento de suas explicações, que devem sempre ser baseadas apenas naquilo que pode pertencer à experiência como um objeto dos sentidos e ser posto em conexão com nossas reais percepções segundo as leis da experiência.

Mas a metafísica, nas tentativas dialéticas da razão pura (que não são iniciadas arbitrariamente ou por capricho, mas é a própria natureza da razão que a elas impele), nos conduz a fronteiras. E as ideias transcendentais, exatamente porque são inescapáveis e, contudo, jamais se deixam realizar, servem não apenas para nos mostrar efetivamente as fronteiras do uso puro da razão, mas também o modo de determiná-las; e esse também é o fim e a utilidade dessa predisposição natural de nossa razão que gerou a metafísica como sua filha favorita, cuja geração, como qualquer outra no mundo, não deve ser atribuída a um acidente, mas a um gérmen original, sabiamente organizado com vista a grandes fins. Pois a metafísica, talvez mais que qualquer outra ciência, está, no que respeita a seus elementos fundamentais, colocada em nós pela própria natureza e não pode de modo algum ser vista como o produto de uma escolha arbitrária ou como uma extensão acidental da evolução das experiências (das quais está inteiramente separada).

A razão, por todos os seus conceitos e leis do entendimento que lhe são suficientes para o uso empírico, e, portanto, no interior do mundo sensível, não obtém deles, entretanto, nenhuma satisfação; pois as questões que se repetem infinitamente lhe retiram qualquer esperança de resolvê-las por completo. As ideias transcendentais, que almejam essa completude, são, para a razão, problemas desse tipo. Ora, a razão vê claramente que o mundo sensível não poderia conter essa completude, não mais, portanto, que todos os conceitos que servem somente para entender esse mundo: espaço e tempo, e tudo que introduzimos sob o nome de conceitos puros do entendimento. O mundo sensível nada mais é que uma cadeia de aparecimentos conectados segundo leis universais, e não tem, assim, uma existência própria; não é, propriamente, a coisa em si mesma e, portanto, refere-se necessariamente àquilo que contém o fundamento desses aparecimentos, a seres que podem ser conhecidos não apenas como aparecimentos, mas como coisas em si mesmas. Só na cognição destas últimas a razão pode esperar ver alguma vez satisfeito seu anseio pela integralidade na progressão do condicionado a suas condições.

IV: 354

Apontamos acima (§§ 33, 34) os limites da razão com respeito a toda cognição de simples seres de pensamento; agora, dado que as ideias transcendentais, no entanto, nos tornam necessária a progressão até esses limites e como que nos conduziram, portanto, até o contato do espaço pleno (da experiência) com o vazio (do qual nada podemos saber, os *noumena*), podemos também determinar as fronteiras da razão pura; pois em toda fronteira há também algo positivo (por exemplo, a superfície é a fronteira do espaço corpóreo, mas ela própria é um espaço, a linha é um espaço que é a fronteira da superfície, o ponto é a fronteira da linha e, contudo, um lugar no espaço), ao passo que limites, pelo contrário, contêm meras negações. Os limites anunciados nas seções acima citadas ainda não são o bastante, uma vez que descobrimos que ainda há algo além deles (embora jamais venhamos a conhecer o que esse algo pode ser em si mesmo). Pois surge agora a questão de como nossa razão lida com a conexão entre o que conhecemos e o que não conhecemos, e nunca iremos conhecer. Aqui há uma efetiva conexão do conhecido com um completo desconhecido (que sempre permanecerá como tal), e mesmo que o desconhecido não deva se tornar minimamente mais conhecido – como, de fato, não é de se esperar –, o conceito dessa conexão deve ainda poder ser determinado e trazido à luz.

Devemos, então, conceber para nós mesmos um ser imaterial, um mundo inteligível e o mais elevado dos seres (todos estes sendo puros *noumena*), porque só nessas coisas, enquanto coisas em si mesmas, a razão encontra preenchimento e satisfação, algo que nunca pode esperar encontrar na derivação dos aparecimentos a partir de seus fundamentos homogêneos, porque esses aparecimentos efetivamente se referem a algo que é distinto deles (e, assim, heterogêneo por completo), dado que aparecimentos sempre pressupõem uma coisa em si mesma e, assim, a anunciam, quer se possa ou não conhecê-la mais detalhadamente.

Mas, visto que jamais podemos conhecer esses seres inteligíveis segundo o que podem ser em si mesmos, isto é, de maneira determinada, embora devamos, não obstante, assumi-los em relação ao mundo sensível e conectá-los com este mediante a razão, poderemos ao menos pensar essa conexão por meio de conceitos que expressem a relação desses seres como o mundo sensível. Pois, se pensarmos um ser inteligível apenas por meio de conceitos puros do entendimento, efetivamente não pensamos, com isso, nada de determinado, e nosso conceito é, assim, sem significado; se o pensamos por meio de propriedades tomadas de empréstimo do mundo sensível, ele não é mais um ser inteligível, mas é pensado como um dos fenômenos e pertence ao mundo sensível. Vamos usar como exemplo o conceito do ser supremo.

O conceito *deístico* é um conceito inteiramente puro da razão, que apenas representa uma coisa que contém toda realidade, sem poder determinar uma única parte desta, porque para isso o exemplo teria de ser extraído do mundo sensível, e nesse caso eu ainda estaria lidando apenas com um objeto dos sentidos, e não com algo completamente heterogêneo que de modo algum pode ser um objeto dos sentidos. Pois iria, por exemplo, atribuir-lhe entendimento, mas não tenho nenhum conceito de um entendimento exceto daquele que é como o meu, isto é, um entendimento ao qual intuições devem ser fornecidas por intermédio dos sentidos, e que se ocupa em submetê-las a regras da unidade da consciência.

Nesse caso, porém, os elementos do meu conceito continuariam no interior do aparecimento; mas fui forçado, pela inadequação dos aparecimentos, a ir além deles, até o conceito de um ser que não depende em nada dos aparecimentos nem está ligado a eles como condições de sua determinação. Mas, se separo o entendimento da sensibilidade para obter um entendimento puro, então nada mais resta senão a mera forma do pensamento sem intuição, mediante a qual, por si só, não posso conhecer nada de determinado, por conseguinte, nenhum objeto. Para esse fim, teria de pensar outro entendimento que intuísse objetos, do qual, contudo, não tenho o menor conceito, porque o entendimento humano é discursivo e só pode ter cognições por meio de conceitos gerais. O mesmo acontece se atribuo uma vontade ao ser supremo, pois apenas possuo esse conceito porque o extraio de minha experiência interna, com o que ele permanece fundado em minha dependência, para satisfação, de objetos de cuja existência necessitamos e, portanto, na sensibilidade, o que contradiz inteiramente o conceito puro do ser supremo.

IV: 356

As objeções de Hume contra o deísmo são fracas e só atingem os argumentos, nunca a própria tese da asserção deísta. Quanto ao teísmo, porém, que se supõe surgir de uma determinação mais precisa de nosso conceito de um ser supremo (que, no deísmo, é apenas transcendente), elas são muito fortes e, dependendo de como esse conceito for estabelecido, são, em certos casos (de fato, em todos os casos usuais), irrefutáveis. Hume sempre insiste em que, por meio do mero conceito de um ser originário ao qual não atribuímos nenhum predicado exceto os ontológicos (eternidade, onipresença, onipotência), não pensamos realmente nada de determinado, mas seria preciso adicionar propriedades que pudessem levar a um conceito *in concreto*; não basta dizer que este ser é uma causa, mas sim como sua causalidade é constituída, talvez, por exemplo, por entendimento e vontade; e aí começa seu ataque ao ponto propriamente em questão, isto é, o teísmo, ao passo que anteriormente ele havia atacado apenas os argumentos para o deísmo, um ataque que não oferece nenhum perigo especial. Seus argumentos perigosos relacionam-se inteiramente ao antropomorfismo, que ele [Hume] afirma que é inseparável do teísmo e o torna autocontraditório, mas que, se fosse deixado de lado, arrastaria consigo o teísmo, restando apenas o deísmo, que não permite realizar nada, de nada nos pode ser útil e não pode absolutamente servir de fundamento para a religião e a moral. Se o antropomorfismo fosse realmente inevitável, as provas da existência de um ser supremo poderiam ser o que se quisesse, e serem todas admitidas; mas o conceito desse ser não poderia jamais ser determinado por nós sem que nos envolvêssemos em contradição.

Se combinarmos a exigência de evitar todos os juízos transcendentes da razão pura com a ordem, à primeira vista conflitante, de avançar até conceitos que se situam fora do campo do uso imanente (empírico), percebemos que ambas podem coexistir, mas apenas exatamente na *fronteira* de todo uso permitido da razão; pois essa fronteira pertence tanto ao campo da experiência quanto ao dos seres de pensamento, e aprendemos com isso ao mesmo tempo como essas ideias tão notáveis servem apenas para demarcar a fronteira da razão humana, isto é, de um lado, não estender desmesuradamente a cognição a partir da experiência, de modo que nada mais nos restasse a conhecer exceto simplesmente o mundo, e, de outro, entretanto, não avançar além da fronteira da experiência e não pretender julgar coisas exteriores a ela como coisas em si mesmas.

Mantemo-nos, porém, nessa fronteira ao limitarmos nosso juízo apenas à relação que o mundo pode ter com um ser cujo próprio conceito está fora de toda cognição que somos capazes de atingir no interior do mundo. Pois então não atribuímos ao ser supremo *em si mesmo* nenhuma das propriedades pelas quais pensamos os objetos da experiência, e com isso evitamos o antropomorfismo *dogmático*, mas as atribuímos, entretanto, à relação desse ser com o mundo, e permitimo-nos um antropomorfismo *simbólico*, que de fato concerne apenas à nossa linguagem e não ao próprio objeto.

Se digo que estamos compelidos a olhar o mundo *como se* ele fosse a obra de um entendimento e de uma vontade supremos, não digo realmente nada mais que isto: assim como um relógio, um navio e um regimento se relacionam a um artesão, um construtor e um comandante, também o mundo sensível (ou tudo que constitui a base desse conjunto de aparecimentos) se relaciona ao desconhecido, que eu não conheço por esse meio segundo o que é em si mesmo, mas apenas segundo o que é para mim, isto é, em relação ao mundo do qual sou parte.

§ 58

Essa cognição é uma cognição *segundo a analogia*, que não significa, como se entende comumente a palavra, uma similaridade imperfeita de duas coisas, mas antes uma perfeita similaridade de duas relações entre coisas inteiramente dissimilares.[23] Por meio dessa analogia, resta-nos ainda um conceito do ser supremo que, mesmo após termos subtraído tudo que poderia tê-lo determinado incondicionalmente e *em si mesmo*, é ainda determinado o bastante *para nós*, pois determinamos o conceito apenas com respeito ao mundo, ou seja, com respeito a nós, e não necessitamos de nada mais que isso. Os ataques que Hume desfere contra os que querem determinar esse conceito de maneira absoluta, por tomarem de empréstimo os materiais para essa determinação de si mesmos e do mundo, não nos atingem; e ele tampouco nos pode acusar de que nada absolutamente nos resta se o antropomorfismo objetivo for subtraído do conceito do ser supremo.

IV: 358

---

23. Assim também é a analogia entre a relação jurídica de ações humanas e a relação mecânica de forças motrizes: nunca posso fazer nada a outrem sem lhe dar o direito de fazer o mesmo comigo nas mesmas condições, do mesmo modo que nenhum corpo pode atuar sobre outro com sua força motriz sem com isso causar uma reação na mesma medida do outro corpo sobre ele. Direito e força motriz são, aqui, coisas completamente dissimilares, mas em sua relação há, entretanto, completa similaridade. Por meio dessa analogia posso, portanto, prover um conceito de relação de coisas que me são completamente desconhecidas. Por exemplo, a promoção da felicidade das crianças $= a$ está para o amor dos pais $= b$ como o bem-estar da espécie humana $= c$ está para o desconhecido em Deus $= x$, que chamamos amor, não como se esse desconhecido tivesse a menor semelhança com qualquer inclinação humana, mas porque podemos postular que a relação entre o amor de Deus e o mundo é similar àquela que as coisas do mundo têm umas com as outras. Mas o conceito de relação é aqui uma mera categoria, a saber, o conceito de causa, que nada tem a ver com a sensibilidade.

Pois, se simplesmente nos concederem de início (como faz Hume, nos *Diálogos*, por seu personagem Filo, em oposição a Cleantes), como uma hipótese necessária, o conceito *deístico* de um ser original, em que este é pensado por meio de predicados puramente ontológicos, como substância, causa, etc. (*algo que deve ser feito*, porque a razão, sendo conduzida no mundo sensível apenas por condições que são, por sua vez, sempre condicionadas, não pode, sem isso, obter nenhuma satisfação, e *algo que pode muito bem ser feito* sem cair no antropomorfismo que transfere predicados do mundo sensível para um ser inteiramente distinto do mundo, visto que aqueles predicados acima mencionados são meras categorias, que não podem, na verdade, fornecer nenhum conceito determinado daquele ser, mas, exatamente por isso, tampouco um conceito que esteja limitado às condições da sensibilidade), então nada nos pode impedir de predicar desse ser uma *causalidade mediante a razão* em relação ao mundo, e assim de avançar até o teísmo, mas sem estarmos compelidos a atribuir essa razão ao próprio ser, como uma propriedade a ele inerente. Pois, quanto ao *primeiro ponto*, a única maneira possível de conduzir o uso da razão, com respeito a toda experiência possível no mundo sensível, ao seu mais alto grau e na mais completa harmonia consigo mesma, é assumir uma razão suprema como causa, por sua vez, de todas as conexões no mundo; um princípio que deve ser completamente vantajoso para a razão e não a pode prejudicar de nenhuma maneira em seu uso na natureza. Quanto ao *segundo ponto*, porém, a razão não é, desse modo, transferida como uma propriedade ao ser original em si mesmo, mas apenas *à relação* desse ser com o mundo sensível, e evita-se assim completamente o antropomorfismo. Pois aqui se considera apenas a *causa* da forma racional, que se encontra por toda parte no mundo, e se atribui, de fato, razão ao ser supremo, na medida em que ele contém o fundamento dessa forma racional do mundo, mas apenas por analogia, isto é, na medida em que essa expressão indica apenas a relação que a causa suprema desconhecida tem com o mundo para determinar tudo em seu interior com o mais alto grau de conformidade à razão. Com isso se evita que usemos a propriedade da razão para pensar Deus, mas apenas para pensar o mundo por seu intermédio, tal como é necessário para ter o máximo uso possível da razão com respeito a este, segundo um princípio. Concedemos, com isso, que o ser supremo, quanto ao que possa ser em si mesmo, é-nos inteiramente inescrutável e mesmo impensável *de uma maneira determinada*, e somos, desse modo, impedidos de fazer qualquer uso transcendente dos conceitos que temos da razão como uma causa eficiente (por meio da vontade) para determinar a natureza divina mediante propriedades que sempre são, afinal, tomadas de empréstimo da natureza humana, perdendo-nos, assim, em conceitos grosseiros e visionários; mas, por outro lado, somos também impedidos de inundar a observação do mundo com modos hiperfísicos de explicação segundo nossos conceitos da razão humana que transpusemos para Deus, e de desviá-la de sua verdadeira destinação, segundo a qual deve ser um estudo da mera natureza por meio da razão e não uma presunçosa derivação de seus aparecimentos a partir de uma razão suprema. A expressão adequada a nossos fracos conceitos é que pensamos o mundo *como se* ele derivasse de uma razão suprema quanto a sua existência e determinação interna, com o que, em parte, conhecemos a constituição que pertence a ele próprio, o mundo, sem presumir que queremos determinar a de sua causa originária em si mesma, e, em parte, por outro lado, situamos o fundamento dessa constituição (a forma racional do mundo) *na relação* da causa suprema com o mundo, sem considerar o mundo, por si só, suficiente para isso.[24]

IV: 360

Dessa maneira, as dificuldades que parecem se opor ao teísmo desaparecem ao se conjugar ao princípio de Hume de não impelir dogmaticamente o uso da razão para além do campo de toda experiência possível um outro princípio que passou completamente despercebido a Hume, a saber, o de não considerar

---

24. Direi: a causalidade da causa originária suprema é, em relação ao mundo, aquilo que a razão humana é em relação às suas obras de arte. Com isso, a natureza da própria causa suprema permanece desconhecida para mim; apenas comparo seu efeito, que me é conhecido (a ordem do mundo), e sua conformidade à razão com os efeitos da razão humana, que também me são conhecidos, e, em consequência, chamo aquela uma razão, sem com isso lhe atribuir como sua propriedade a mesma coisa que entendo por essa expressão em relação a seres humanos, ou a qualquer outra coisa que eu conheça.

o campo da experiência possível como algo que se fecha em suas próprias fronteiras diante da razão. Aqui, uma crítica da razão indica o verdadeiro meio-termo entre o dogmatismo que Hume combateu e o ceticismo que ele quis introduzir em seu lugar; um meio-termo que não é como outros, que somos aconselhados a determinar por nós mesmos como que mecanicamente (tomando-se algo de um lado e algo de outro), e com o que ninguém aprende nada, mas, antes, um meio-termo que se pode determinar precisamente segundo princípios.

§ 59

Utilizei-me, no início desta observação, da metáfora de uma *fronteira* para fixar os limites da razão com respeito a seu uso apropriado. O mundo sensível contém somente aparecimentos, que não são coisas em si mesmas; assim, o entendimento deve assumir estas últimas (*noumena*), exatamente porque reconhece os objetos da experiência como simples aparecimentos. Em nossa razão, ambos são tratados juntos, e pode-se perguntar como a razão procede para demarcar as fronteiras do entendimento em relação aos dois campos. A experiência, que contém tudo que pertence ao mundo sensível, não estabelece uma fronteira para si própria: a partir de cada condicionado ela chega sempre a outro condicionado. Aquilo que pode estabelecer sua fronteira deve situar-se inteiramente fora dela, e esse é o campo dos puros seres inteligíveis. Para nós, contudo, esse é um espaço vazio, no que se refere à *determinação* da natureza desses seres inteligíveis e, nessa medida, se excluirmos conceitos dogmaticamente determinados, não podemos ultrapassar o campo da experiência possível. Mas, como uma fronteira é ela própria algo positivo, que pertence tanto ao que está em seu interior como ao espaço situado fora de uma totalidade dada, a razão compartilha de uma cognição real, positiva, simplesmente ao se expandir até essa fronteira, desde que não tente ultrapassá-la, porque lá encontra à sua frente um espaço vazio, no qual pode, sem dúvida, pensar formas para coisas, mas não as próprias coisas. Mas *estabelecer a fronteira* do campo da experiência por meio de algo que lhe é, de outro modo, desconhecido, é todavia uma cognição que ainda resta à razão nessa perspectiva, com o que ela nem se encerra no interior do mundo sensível, nem fica à deriva fora dele, mas, como convém ao conhecimento de uma fronteira, limita-se somente à relação entre aquilo que está fora dela e o que está contido em seu interior.

A teologia natural é um conceito desse tipo, situado na fronteira da razão humana, dado que esta se vê compelida a lançar os olhos para a ideia de um ser supremo (e também, no aspecto prático, para a de um mundo inteligível) não para determinar alguma coisa quanto a esse puro ser inteligível e, portanto, exterior ao mundo sensível, mas apenas para dirigir seu próprio uso no interior desse mundo segundo princípios da máxima unidade possível (tanto teórica quanto prática), e, para esse propósito, servir-se da relação entre o mundo e uma razão independente enquanto causa de todas essas conexões não apenas para *inventar* para si um ser, e sim, dado que para além do mundo sensível deve necessariamente encontrar-se algo que é pensado apenas pelo puro entendimento, para *determinar*, dessa maneira, esse ser, embora, é claro, apenas por analogia.

Dessa maneira, mantém-se nossa proposição anterior, que é o resultado de toda a Crítica: "que, com todos os seus princípios *a priori*, a razão nos ensina apenas sobre objetos da experiência possível e, mesmo destes, apenas o que pode ser conhecido na experiência"; mas essa limitação não a impede de nos conduzir até a *fronteira* objetiva da experiência, a saber, à *relação* com algo que não pode ser ele próprio objeto de experiência, mas que deve, não obstante, ser o supremo fundamento de toda experiência, sem, contudo, nos ensinar algo sobre esse fundamento em si mesmo, mas apenas em relação ao seu uso [da razão] completo e dirigido aos fins mais elevados no campo da experiência possível. Isso, porém, é toda a utilidade que se pode razoavelmente esperar aqui, e com o que temos razão para nos contentarmos.

IV: 362

§ 60

Expusemos assim por completo a metafísica segundo sua possibilidade subjetiva, tal como efetivamente é dada *na disposição natural da razão humana*, e certamente naquilo que forma o objetivo essencial de seu cultivo. Mas como já descobrimos que esse uso *meramente natural* de tal disposição de nossa razão a emaranha em inferências *dialéticas* transcendentes que são parcialmente enganosas e mesmo parcialmente autocontraditórias se ela não for refreada e posta dentro de limites por uma disciplina da razão (algo que só é possível por meio de uma crítica científica), e que essa metafísica falaciosa é desnecessária e até mesmo prejudicial à promoção da cognição da natureza, continua um problema digno de investigação descobrir o *propósito natural* ao qual pode estar dirigida esta disposição de nossa razão a conceitos transcendentes, porque tudo que se encontra na natureza deve originalmente estar voltado para algum propósito benéfico.

Tal investigação é de fato incerta, e também admito que é apenas conjectural, como tudo que posso dizer a respeito dos propósitos originais da natureza, o que somente neste caso me pode ser permitido, dado que a questão não diz respeito à validade objetiva de juízos metafísicos, mas antes à disposição natural para tais juízos, e se situa, portanto, na antropologia, fora do sistema da metafísica.

Quando considero todas as ideias transcendentais que conjuntamente constituem o problema próprio da razão pura natural, que a compelem a abandonar a mera contemplação da natureza e ir além de toda experiência possível, e, nessa empreitada, dar existência a isso que se chama metafísica (seja isso conhecimento ou sofística), acredito perceber que essa disposição natural tem a finalidade de tornar nossa compreensão suficientemente livre das cadeias da experiência e dos limites da mera contemplação da natureza para que ela veja ao menos se abrir diante de si um campo que contém apenas objetos para o entendimento humano que nenhuma sensibilidade pode alcançar; não, certamente, com o objetivo de nos ocupar especulativamente com esses objetos (pois não encontramos um solo onde pudéssemos apoiar os pés), mas, antes, com princípios práticos, os quais, se não encontrassem diante de si esse espaço para suas necessárias expectativas e esperanças, não poderiam expandir-se à universalidade que a razão inevitavelmente requer com respeito à moral.

Descubro agora que a ideia *psicológica*, por mínima que seja a compreensão que me permite obter da natureza pura da alma humana elevada acima de todos os conceitos da experiência, mostra ao menos de forma suficientemente clara a inadequação destes últimos e assim me afasta do materialismo como um conceito psicológico impróprio a qualquer explicação da natureza e, além disso, constrange a razão no aspecto prático. De maneira semelhante, as ideias *cosmológicas*, por meio da visível insuficiência de toda possível cognição natural para satisfazer a razão em suas legítimas exigências, servem para nos afastar do naturalismo, que supõe que a natureza é autossuficiente. Finalmente, dado que toda necessidade natural no mundo sensível é sempre condicionada, porque sempre pressupõe a dependência de uma coisa a outra, ao passo que a necessidade incondicional só deve ser buscada na unidade de uma causa distinta do mundo sensível, e dado que a causalidade dessa causa, por sua vez, se fosse simplesmente natureza, jamais poderia tornar compreensível a existência do contingente como sua consequência, a razão, por meio da ideia *teológica*, liberta-se assim do fatalismo, tanto daquele ligado a uma necessidade natural cega no encadeamento da própria natureza sem um primeiro princípio, como do que diz respeito à causalidade desse próprio princípio, e conduz ao conceito de uma causa pela liberdade, e, com isso, ao de uma inteligência suprema. As ideias transcendentais servem, portanto, se não para nos instruir positivamente, pelo menos para negar as impudentes afirmações do *materialismo, naturalismo* e *fatalismo* que constrangem o campo da razão, e desse modo para prover as ideias morais de um espaço fora do campo da especulação, o que, em minha opinião, explicaria em certa medida aquela disposição natural.

O benefício prático que pode ter uma ciência puramente especulativa está fora das fronteiras dessa ciência e por isso só pode ser visto como um escólio, e, como todos os escólios, não faz parte da ciência ela própria. Ainda assim, essa relação situa-se, pelo menos, dentro das fronteiras da filosofia, especialmente daquela filosofia que bebe das puras fontes da razão, na qual o uso especulativo da razão em metafísica deve necessariamente formar uma unidade com seu uso prático na moral. Por conseguinte, em uma metafísica considerada como disposição natural, a inevitável dialética da razão pura merece ser explicada não apenas como uma ilusão que precisa ser dissolvida, mas também, se pudermos, como uma *instituição natural* segundo seu propósito, embora esse esforço, enquanto superrogatório, não possa com justiça ser exigido da metafísica enquanto tal.

Em um segundo escólio, mais ligado, entretanto, ao conteúdo da metafísica, deveria ser abordada a solução das questões que aparecem na Crítica das páginas 647 a 668. Pois lá se adiantam certos princípios da razão que determinam *a priori* a ordem da natureza, ou, antes, determinam o entendimento, que deve buscar as leis dessa ordem por meio da experiência. Eles parecem ser constitutivos e normativos em relação à experiência, embora brotem da mera razão, que não pode, como o entendimento, ser considerada como um princípio de experiência possível. Se, agora, essa concordância se baseia em que, assim como a natureza em si mesma não adere aos aparecimentos ou à sua fonte, a sensibilidade, mas só é encontrada na relação entre esta e o entendimento, do mesmo modo a completa unidade do uso do entendimento com vistas a uma experiência possível unificada (em um sistema) só poderia lhe ser atribuída em relação à razão, e com isso também a experiência se sujeita indiretamente à legislação da razão: tudo isso é algo que pode ser ponderado de forma adicional por aqueles que querem investigar a natureza da razão também além de seu uso em metafísica, mesmo nos princípios universais para a sistematização geral da história natural; pois, embora eu tenha apresentado, no próprio livro, esse problema como importante, não tentei solucioná-lo.[25]

---

25. Foi minha perene intenção durante a *Crítica* não negligenciar nada que pudesse completar a investigação da natureza da razão pura, por mais profundamente oculto que estivesse. Cabe a cada pessoa decidir, posteriormente, quão longe

Concluo assim a solução analítica da questão principal levantada por mim mesmo: "Como é possível a metafísica em geral?", ascendendo dali onde seu uso, pelo menos nas consequências, está efetivamente dado, até os fundamentos de sua possibilidade.

vai levar sua investigação, desde que se lhe tenha sido mostrado o que ainda há a ser feito; pois é justo esperar de alguém que tomou para si mensurar todo esse campo que deixe em seguida a cargo de outros o futuro cultivo e a distribuição à vontade dos lotes. Eis o lugar de ambos os escólios, que, por causa de sua aspereza, dificilmente poderiam ser recomendados para amadores, e foram preparados apenas para especialistas.

Solução da questão geral dos Prolegômenos. Como é possível a metafísica como ciência?

A metafísica como disposição natural da razão é real, mas também é por si mesma (como provou a solução analítica da terceira questão principal) dialética e enganadora. Assim, querer derivar dela princípios e seguir, em seu uso, uma ilusão que é certamente natural, mas, ainda assim, falsa, jamais pode produzir ciência, mas apenas uma arte dialética vã, na qual uma escola pode sobrepujar outra sem que nenhuma ganhe legitimidade e aprovação duradoura.

Para que ela pudesse, enquanto ciência, reivindicar não apenas uma persuasão enganosa, mas compreensão e convencimento, uma crítica da própria razão deve apresentar todo o estoque de conceitos *a priori*, sua divisão segundo as diferentes fontes: a sensibilidade, o entendimento e a razão, além disso, uma tábua completa desses conceitos e a análise de todos eles, com tudo o que dela se pode derivar; em seguida, e especialmente, a possibilidade da cognição sintética *a priori* por meio da dedução desses conceitos, os princípios de seu uso, e também, por fim, as fronteiras deste; tudo isso, porém, em um sistema completo. Assim, a crítica, e só ela, contém em si o inteiro plano bem experimentado e comprovado e, mais ainda, todos os meios de execução pelos quais a metafísica pode ser estabelecida como ciência, o que será impossível por outros meios e caminhos. O que se pergunta aqui, portanto, não é tanto como esse empreendimento é possível, mas apenas como ele pode ser posto em prática e boas cabeças conduzidas de um labor até agora equivocado e infrutífero para um que não as decepcionará, e como se pode dirigir melhor essa aliança para o fim comum.

Ao menos isto é certo: quem alguma vez saboreou a crítica sentirá para sempre repugnância a toda tagarelice dogmática que antes teve de suportar por necessidade, visto que sua razão precisava de algo e nada de melhor podia encontrar para seu sustento. A crítica está para a metafísica escolástica comum precisamente como a *química* está para a *alquimia*, ou a *astronomia* para a *astrologia* divinatória. Garanto que ninguém que refletiu sobre os princípios da crítica e os compreendeu, mesmo se apenas nestes Prolegômenos, retornará jamais àquela velha e sofística pseudociência, mas contemplará com certo deleite uma metafísica que agora está com certeza em seu poder, não mais necessita de descobertas preparatórias e pode, pela primeira vez, satisfazer a razão de maneira duradoura. Pois essa é uma vantagem com a qual só a metafísica, dentre todas as possíveis ciências, pode seguramente contar, a saber, que pode ser completada e levada a um estado permanente em que não pode mais ser modificada nem é capaz de nenhuma ampliação por meio de novas descobertas; porque, em seu caso, a razão tem as fontes de sua cognição não nos objetos e em suas intuições (mediante os quais nada mais lhe pode ser ensinado), mas em si própria, e se ela apresentou as leis fundamentais dessa faculdade de maneira plena e determinada, de modo a excluir toda má interpretação, nada mais resta que a razão pura possa conhecer *a priori*, nem sequer indagar com algum fundamento. A perspectiva segura de um conhecimento tão determinado e final tem uma especial atração, mesmo se toda utilidade (sobre o que ainda vou falar) for deixada de lado.

Toda falsa arte, toda sabedoria vã tem seu tempo de duração, pois acaba finalmente por destruir-se, e o auge de seu cultivo é, ao mesmo tempo, o momento de sua decadência. Que esse tempo agora tenha chegado para a metafísica se prova pela condição a que decaiu entre todos os povos instruídos, em contraste com o zelo com que se cultivam as ciências de toda espécie. A antiga organização dos estudos universitários ainda preserva sua sombra, uma solitária academia de ciências estimula, de vez em quando, pelo oferecimento de prêmios, a realização de uma ou outra investigação nessa área, mas ela não é mais contada entre as ciências sérias, e cada um pode julgar por si mesmo como, talvez, um homem brilhante, a quem se quisesse chamar um grande metafísico, receberia esse encômio bem-intencionado, mas que dificilmente alguém invejaria.

Mas, mesmo que a época do colapso de toda metafísica dogmática tenha certamente chegado, ainda falta muito para que se possa dizer, por sua vez, que já tenha surgido a época de seu renascimento por meio de uma crítica sólida e completa da razão. Todas as transições de uma inclinação para a que lhe é oposta passam pelo estágio da indiferença, e esse momento é o mais perigoso para um autor, embora, como me parece, seja o mais favorável para a ciência. Pois, quando o espírito sectário se extinguiu por uma completa ruptura das antigas ligações, as mentes se encontram na melhor condição para gradualmente começar a dar ouvidos a propostas de uma aliança segundo um novo plano.

IV: 367

Quando digo que espero destes Prolegômenos que venham talvez a avivar a investigação no campo da crítica e prover o espírito universal de filosofia, que parece carecer de nutrientes em sua porção especulativa, de um novo e muito promissor objeto de sustento, já posso imaginar de antemão que todos que se acham relutantes e fatigados em decorrência dos espinhosos caminhos pelos quais os conduzi na Crítica perguntar-me-ão em que baseio, afinal, essa minha esperança, ao que respondo: *na irresistível lei da necessidade*.

Que a mente humana venha um dia a abandonar completamente as investigações metafísicas é tão pouco de se esperar quanto que algum dia paremos completamente de respirar só para não mais inalarmos ar impuro. Sempre haverá, portanto, metafísica no mundo e, o que é mais, em todo ser humano, especialmente nos que refletem; e, na falta de um padrão publicamente reconhecido, cada qual talhará para si sua metafísica à própria maneira. Ora, aquilo que até agora se denominou metafísica não pode satisfazer nenhum espírito inquisitivo, mas abandoná-la completamente também é impossível; portanto, no fim das contas, uma crítica da própria razão pura deve ser *tentada*, ou, se já existir uma, deve ser *examinada* e submetida a uma prova geral, porque não há outro meio de aliviar essa necessidade premente, que não é apenas uma mera sede de conhecimento.

Desde que conheço a crítica, ao concluir a leitura de um escrito de conteúdo metafísico que tanto me entreteve quanto cultivou pela precisão de seus conceitos, pela variedade e organização, e pela leveza de sua exposição, não posso evitar perguntar: *este autor afinal fez a metafísica avançar um único passo?* Aos eruditos cujos escritos me foram úteis em outros aspectos e sempre contribuíram para o cultivo das faculdades intelectuais, peço desculpas, porque confesso que não fui capaz de encontrar, nem em suas tentativas, nem nas minhas próprias e inferiores (a favor das quais, entretanto, fala o amor-próprio), algo que tivesse feito avançar a ciência um mínimo que seja, e isto, de fato, pela razão muito natural de que a ciência ainda não existia e não pode, tampouco, ser montada peça por peça, mas seu gérmen deve estar completamente pré-formado de antemão na crítica. Contudo, para evitar todo mal-entendido, deve-se lembrar o que foi dito antes: que, embora o entendimento certamente se beneficie em muito do tratamento analítico de nossos conceitos, a ciência (da metafísica) não avança com isso nem um passo, porque essas análises dos conceitos são apenas materiais com os quais a ciência ainda deve ser construída. Que se analise e determine tão bem quanto se queira o conceito de substância e acidente: isso é muito bom como preparação para algum uso futuro. Mas, se não posso provar que em tudo que existe a substância permanece e só os acidentes mudam, então, apesar de toda essa análise, a ciência em nada avançou. Ora, a metafísica até agora não foi capaz de provar como válidas *a priori* nem essa proposição, nem o princípio de razão suficiente, e menos ainda alguma outra proposição mais complexa como, por exemplo, um princípio da psicologia ou da cosmologia, em suma, absolutamente nenhuma proposição sintética; durante toda essa análise, portanto, nada se obteve, nada se criou nem se avançou, e, depois de tanta agitação e ruído, a ciência permanece onde estava no tempo de Aristóteles, embora os preparativos para ela, se ao menos se tivesse encontrado o fio que conduz à cognição sintética, estejam sem dúvida muito mais bem encaminhados que anteriormente.

  Alguém que se sinta ofendido por isso pode facilmente invalidar a acusação acima apresentando uma única proposição sintética da metafísica e se oferecendo para prová-la *a priori* de maneira dogmática; pois, somente quando o fizer, eu lhe concederei que de fato fez avançar a ciência, mesmo que essa proposição também possa ser suficientemente estabelecida pela experiência comum. Nenhuma exigência pode ser mais moderada e mais imparcial, e, no caso (infalivelmente certo) do não cumprimento, nenhum veredito pode ser mais justo que o de que a metafísica como ciência até agora absolutamente não existiu.

IV: 369

Só duas coisas devo proibir, no caso de o desafio ser aceito: em primeiro lugar, o artifício da *probabilidade* e da conjectura, tão pouco apropriadas à metafísica quanto à geometria; em segundo lugar, a decisão por meio da varinha mágica do chamado *bom senso*, ou *são entendimento*, que não se adapta a todos mas é guiado por qualidades pessoais.

Pois, *quanto ao primeiro*, nada mais absurdo que pretender basear seus juízos na probabilidade e conjectura ao lidar com a metafísica, uma filosofia que provém da pura razão. Tudo que deve ser conhecido *a priori* é, exatamente por isso, tomado como apoditicamente certo e necessita, portanto, ser provado como tal. Seria o mesmo que pretender basear uma geometria ou uma aritmética em conjecturas; pois, no que concerne ao *calculus probabilium* da aritmética, ele não contém juízos prováveis, mas juízos completamente certos sobre o grau de possibilidade de determinados casos sob condições homogêneas dadas, juízos que, no conjunto de todos os casos possíveis, devem ocorrer de forma infalível de acordo com a regra, mesmo que esta não seja suficientemente determinada com respeito a nenhum caso individual. Só na ciência natural empírica as conjecturas (mediante a indução e a analogia) podem ser admitidas, mas de tal modo que ao menos a possibilidade do que estou assumindo deva ser completamente certa.

Com o *apelo ao bom senso*, quando a discussão diz respeito a conceitos e princípios, não na medida em que devam ser válidos com respeito à experiência, mas na medida em que se queira tomá-los como válidos também fora das condições da experiência, as coisas se tornam, se possível, ainda piores. Pois o que é esse *bom senso* ou *são entendimento*? É o *entendimento ordinário*, na medida em que julga corretamente. E o que é, por sua vez, o entendimento ordinário? É a faculdade do conhecimento e do uso de regras *in concre-*

to, distinta do *entendimento especulativo*, que é uma faculdade do conhecimento e do uso de regras *in abstracto*. O senso comum, ou entendimento ordinário, dificilmente será capaz de entender a regra de que tudo o que acontece está determinado por sua causa, e nunca nessa forma tão geral. Ele exige, portanto, um exemplo tomado da experiência, e quando ouve que essa regra não significa nada mais do que aquilo que sempre pensou quando uma vidraça se quebrou ou um utensílio doméstico desapareceu, ele entende, então, o princípio, e o admite. Assim, o entendimento ordinário não tem outro uso além daquele em que consegue ver suas regras confirmadas na experiência (embora essas regras estejam efetivamente presentes nele *a priori*); por conseguinte, compreendê-las *a priori* e independentemente da experiência pertence ao âmbito do entendimento especulativo e está completamente além do horizonte do entendimento ordinário. Mas a metafísica, na verdade, diz respeito apenas a este último tipo de cognição, e é certamente um péssimo sinal de bom senso apelar a um garantidor que aqui não tem o que julgar e que, de resto, só é olhado com desprezo, exceto quando se está em apuros e sem conselho ou ajuda em sua especulação.

Uma evasiva empregada com frequência por esses falsos amigos do senso comum (que eles ocasionalmente louvam, mas em geral desprezam) é dizer que deve haver, no fim das contas, algumas proposições que são imediatamente certas e para as quais nenhuma prova precisa ser dada e, na verdade, nenhuma justificação, porque de outra forma jamais chegaríamos ao fim dos fundamentos de nossos juízos; mas, como prova dessa licença, jamais conseguem apresentar algo (além do princípio de contradição, que é, contudo, inadequado para estabelecer a verdade de juízos sintéticos) que seja indubitável e possa ser atribuído diretamente ao senso comum ordinário, exceto proposições matemáticas, por exemplo, que duas vezes dois são quatro, que entre dois pontos só há uma linha reta, e outras mais. Mas esses são juízos muitíssimo diferentes dos da metafísica. Pois, em matemática, eu mesmo posso produzir (construir) por meio de meu pensamento tudo aquilo que concebo como possível mediante um conceito; a um dois eu sucessivamente adiciono outro dois e produzo, eu mesmo, o número quatro, ou desenho no pensamento várias linhas de um ponto a outro e só posso desenhar uma que é semelhante a si mesma em todas as suas partes (tanto as iguais quanto as desiguais). Mas, do conceito de uma coisa eu não posso, com todo o poder do meu pensamento, extrair o conceito de alguma outra cuja existência esteja necessariamente conectada à da primeira, mas devo consultar a experiência, e, embora meu entendimento me forneça *a priori* (ainda que sempre em relação à experiência possível) o conceito de tal conexão (a causalidade), não posso, como os conceitos da matemática, apresentá-lo *a priori* na intuição e, portanto, explicar *a priori* sua possibilidade; mas esse conceito, juntamente com os princípios de sua aplicação, se deve ser válido *a priori* – como, de fato, é exigido em metafísica –, sempre necessita de uma justificação e dedução de sua possibilidade, porque de outro modo não se sabe o âmbito de sua validade e se ele pode ser usado apenas na experiência ou também fora dela. Na metafísica, portanto, enquanto uma ciência especulativa da razão pura, jamais se pode apelar para o senso comum, mas pode-se muito bem fazê-lo quando se é forçado a abandoná-la e renunciar a toda cognição especulativa pura, que sempre deve ser um saber, por conseguinte também à própria metafísica e a seus ensinamentos, e quando uma crença racional é tudo que se estima como possível para nós, e também como suficiente para nossas necessidades (e mesmo mais saudável, talvez, que o próprio conhecimento). Pois então o aspecto das coisas se altera por completo. A metafísica deve ser uma ciência, não apenas em seu todo, mas também em todas as suas partes; caso contrário, não será absolutamente nada, porque, enquanto especulação da pura razão, não se apoia senão em conhecimentos universais. Fora dela, porém, a probabilidade e o senso comum podem perfeitamente ter um uso benéfico e legítimo, mas segundo princípios inteiramente próprios, cuja importância sempre depende de uma relação com a esfera prática.

IV: 371

Isso é o que me considero autorizado a exigir para a possibilidade de uma metafísica como ciência.

Apêndice.
Do que pode ser feito para tornar real a metafísica como ciência

Dado que todos os caminhos tomados até aqui não atingiram esse fim, e que, sem uma precedente crítica da razão pura, ele jamais será alcançado, não parece despropositada a exigência de que a tentativa aqui apresentada seja submetida a um exame exato e cuidadoso, a menos que se considere mais aconselhável abandonar inteiramente toda pretensão à metafísica, contra o que, desde que se permaneça fiel a essa intenção, nada há que objetar. Se considerarmos como as coisas efetivamente ocorrem, e não como deveriam ocorrer, então há dois tipos de juízo: um *juízo que precede a investigação*, que, no nosso caso, é aquele em que o leitor, a partir de sua metafísica, emite seu juízo sobre a crítica da razão pura (que se propõe, antes de tudo, investigar a própria possibilidade dessa metafísica), e outro *juízo que se segue à investigação*, em que o leitor consegue deixar de lado por um momento as consequências da investigação crítica, que podem violar muito fortemente a metafísica que ele de outro modo aceita, e examina em primeiro lugar as bases das quais essas consequências podem ter sido derivadas. Se aquilo que a metafísica ordinária apresenta fosse inegavelmente certo (como a geometria, por exemplo), a primeira maneira de julgar seria válida; pois, se as consequências de certos princípios contrariam verdades inegáveis, então esses princípios são falsos e devem ser rejeitados sem qualquer outro exame. Mas, se não é verdade que a metafísica possua um suprimento de proposições (sintéticas) incontestavelmente certas, havendo talvez até mesmo um conflito entre as consequências de

IV: 372

um bom número das mais plausíveis dentre elas, e não se possa encontrar em parte alguma um critério seguro para a verdade de proposições (sintéticas) propriamente metafísicas, então o primeiro modo de julgar não pode ser admitido, mas qualquer juízo sobre o valor ou a falta de valor dos princípios da crítica deve ser precedido de uma investigação.

Amostra de um juízo sobre a Crítica que precede a investigação

Um juízo desse tipo se encontra nas *Göttingische gelehrte Anzeigen*, terceiro artigo do Suplemento, de 19 de janeiro de 1782, p. 40 e seguintes.

Quando um autor que está bem familiarizado com o objeto de seu trabalho, que se esforçou continuamente para nele colocar sua própria reflexão, cai nas mãos de um crítico que, de sua parte, é perspicaz o suficiente para discernir os momentos em que o valor ou a falta de valor da obra efetivamente repousa, que não se prende a palavras, mas acompanha o assunto, observa e põe à prova apenas os princípios dos quais o autor partiu, então, embora a severidade do julgamento possa certamente desagradar a este, o público, por sua vez, é indiferente, pois se beneficia com isso; e o próprio autor pode ficar satisfeito, ao ter seus escritos desde cedo examinados por um conhecedor, pela oportunidade de corrigi-los ou elucidá-los, e assim poder, caso se acredite fundamentalmente correto, remover em boa hora a pedra no caminho que poderia mais adiante se tornar prejudicial à sua obra.

Encontro-me, com meu crítico, em uma situação completamente diferente. Ele parece não compreender nada do que de fato importa na investigação com que (felizmente ou não) me ocupei, e, seja pela impaciência em perquirir uma obra tão longa ou pelo mau humor diante da ameaça de reforma de uma ciência na qual acreditava já ter havia muito tempo posto tudo em ordem, ou se, como relutantemente suponho, a culpa é de uma compreensão verdadeiramente limitada que não lhe permitiu pensar além de sua metafísica escolástica: seja como for, ele desfia impetuosamente uma longa série de proposições das quais não se pode pensar absolutamente nada se não se conhecem suas premissas, distribuindo reprimendas ocasionais cujas razões o leitor percebe tão pouco quanto compreende as proposições contra as quais elas estão supostamente dirigidas, e, por isso, não pode nem trazer informação ao público nem prejudicar-me minimamente na opinião dos conhecedores; eu teria, portanto, passado completamente ao largo desse julgamento se ele não me oferecesse a oportunidade para alguns esclarecimentos que, em alguns casos, podem proteger o leitor destes Prolegômenos contra uma má interpretação.

Mas, para adotar um ponto de vista que lhe permita facilmente apresentar toda a obra de uma maneira desvantajosa para o autor, sem ter de se preocupar com nenhuma investigação particular, o resenhista começa e termina dizendo: "Este trabalho é um sistema de idealismo transcendental (ou, como ele traduz, mais elevado)."[26]

Ao ver isso, logo percebi que tipo de resenha proviria dali, mais ou menos como se alguém que nunca tivesse visto ou ouvido nada de geometria encontrasse um volume de Euclides e, solicitado a dar sua opinião sobre ele, após deparar com várias figuras ao folhear as páginas, dissesse algo como: "O livro é um compêndio sistemático de desenho; o autor emprega uma linguagem especial para fornecer instruções obscuras e ininteligíveis que, ao final, não alcançam nada mais que aquilo que qualquer um pode conseguir com uma boa agudeza natural do olhar, etc."

IV: 374

---

26. De modo algum *mais elevado*. Torres elevadas e os grandes metafísicos que a elas se assemelham, em torno dos quais há usualmente muito vento, não me agradam. Meu lugar é o fértil *bathos* da experiência, e a palavra transcendental, cujo significado tantas vezes assinalado por mim não foi nem uma única vez apreendido pelo resenhista (tão apressadamente ele examinou tudo), não significa algo que ultrapassa toda experiência, mas algo que, na verdade, a precede (*a priori*), embora não se destine a nada mais que apenas tornar possível a cognição pela experiência. Se esses conceitos avançam para além da experiência, seu uso é chamado transcendente, distinguindo-se do uso imanente, isto é, aquele limitado à experiência. Toda má interpretação dessa espécie foi suficientemente prevenida no próprio livro, mas o resenhista tirou proveito da interpretação incorreta.

Observemos, porém, que tipo de idealismo é esse que atravessa toda minha obra, embora nem de longe constitua o cerne do sistema.

A tese de todos os genuínos idealismos, desde a escola eleática até o bispo Berkeley, está contida nesta fórmula: "Toda cognição através dos sentidos e da experiência nada mais é que simples ilusão, e só há verdade nas ideias do puro entendimento e razão."

O princípio que governa e determina inteiramente meu idealismo é, ao contrário: "Toda cognição de coisas a partir do simples entendimento puro ou da pura razão nada mais é que simples ilusão, e só há verdade na experiência."

Mas isso é diretamente oposto ao idealismo propriamente dito; como, então, eu pude utilizar essa expressão com uma intenção completamente oposta, e como o autor da resenha pôde ver isso em toda parte?

A solução dessa dificuldade assenta-se em algo que se poderia ter observado muito facilmente pelo contexto do trabalho, caso se quisesse fazê-lo. Espaço e tempo, juntamente com tudo que está neles contido, não são coisas em si mesmas ou suas propriedades, mas pertencem apenas a seus aparecimentos; até aqui tenho a mesma convicção dos idealistas mencionados acima. Mas estes, e, entre eles, em especial Berkeley, consideravam o espaço como uma mera representação empírica, que, assim como os aparecimentos nele, só nos seria conhecida, juntamente com todas suas determinações, por meio de experiência e percepção; eu, ao contrário, mostro em primeiro lugar que o espaço (e também o tempo, ao qual Berkeley não deu atenção), juntamente com todas suas determinações, pode ser conhecido por nós *a priori* porque (assim como o tempo) reside em nós antes de toda percepção ou experiência enquanto uma forma pura de nossa sensibilidade, tornando possível toda intuição sensorial e, por conseguinte, todos os aparecimentos. Disso se segue que, dado que a verdade tem, como seus critérios, leis universais e necessárias, a experiência, para Berkeley, não poderia ter nenhum critério de verdade, porque nada tinha sido posto (por ele) *a priori* como fundamento de seus aparecimentos; do que se seguiu que a experiência nada mais é que pura ilusão, ao passo que, para nós, espaço e tempo (em conjunção com os conceitos puros do entendimento) prescrevem *a priori* sua lei a toda experiência possível, uma lei que, ao mesmo tempo, provê o critério seguro para distinguir, nela, entre verdade e ilusão.²⁷

Meu assim chamado idealismo (mais propriamente, idealismo crítico) é, portanto, de um tipo bastante peculiar, porque subverte o idealismo ordinário, e porque, por seu intermédio, toda cognição *a priori*, mesmo a da geometria, adquire pela primeira vez uma realidade objetiva que, sem a idealidade do espaço e do tempo que demonstrei, não poderia ser afirmada nem pelos realistas mais fervorosos. Com as coisas nesse pé, desejaria poder dar algum outro nome a esse meu conceito, para prevenir toda má interpretação, mas não é mais possível modificá-lo completamente. Seja-me permitido, portanto, como já disse acima, chamá-lo no futuro idealismo formal, ou, melhor ainda, idealismo crítico, para distingui-lo do idealismo dogmático de Berkeley e do idealismo cético de Descartes.

Não encontro mais nada que seja digno de nota na resenha deste livro. Seu autor julga por toda parte *en gros*, maneira habilmente escolhida, porque desse modo não trai o próprio conhecimento ou ignorância; um único juízo circunstanciado *en détail*, se tivesse considerado, como convém, a questão principal, bastaria talvez para expor meu erro, e também o grau de conhecimento do crítico nessa espécie de investigação. Não foi tampouco um artifício mal planejado, para remover desde cedo o desejo de ler o próprio livro de leitores acostumados a formar uma ideia de livros somente a partir de artigos de jornais, recitar de um só fôlego, uma atrás da outra, uma multidão de proposições que, arrancadas do contexto de seus argumentos e

---

27. O idealismo propriamente dito sempre tem um propósito visionário e não pode ter nenhum outro, mas meu idealismo existe apenas para conceber a possibilidade de nossa cognição *a priori* dos objetos da experiência, um problema que até agora não foi resolvido, ou sequer alguma vez levantado. Com isso, colapsa todo idealismo visionário, que (como já se pode perceber em Platão) sempre inferia de nossas cognições *a priori* (mesmo as da geometria) outra intuição (a saber, a intelectual) que não a sensorial, porque não ocorrera a ninguém que os sentidos também pudessem intuir *a priori*.

explicações (sobretudo por serem tão diametralmente opostas a toda metafísica escolástica), devem necessariamente soar como contrassensos, assaltar a paciência do leitor até a náusea, e então, depois de apresentar-me a engenhosa proposição de que uma constante ilusão equivale à verdade, concluir com dura mas paternal reprimenda: para que, então, o conflito com a linguagem comum aceita, para que, e de onde, a distinção idealista? Um juízo, por fim, que torna tudo que é peculiar a meu livro, que devia ser considerado antes metafisicamente herético, em uma mera inovação verbal, e prova claramente que meu pretenso juiz não entendeu de modo correto a mínima parte dele, e, o que é mais, não entendeu a si próprio.[28]

O autor da resenha, contudo, fala como alguém que julga estar em posse de conhecimentos importantes e elevados, os quais, porém, ainda mantém em segredo; pois, no que se refere à metafísica, não conheço algum desenvolvimento recente que possa justificar esse tom. Mas ele está cometendo um grande erro ao privar o mundo de suas descobertas, pois sem dúvida há muitos como eu que, apesar de todas as coisas refinadas que desde muito tempo têm sido escritas nesse campo, são incapazes de constatar que a ciência tenha avançado com isso um dedo sequer. Por outro lado, vemos muito bem definições sendo aguçadas, provas coxas providas de novas muletas, a manta de retalhos da metafísica ganhando trapos novos ou um talhe diferente, mas não é isso que o mundo exige. O mundo está cansado de asserções metafísicas, o que se requer é uma investigação sobre a possibilidade dessa ciência, as fontes das quais sua certeza pode

---

28. O resenhista luta a maior parte do tempo com sua própria sombra. Quando oponho a verdade da experiência ao sonho, ele não se dá conta absolutamente que se está falando aqui apenas do notório *somnium objective sumtum* [sonho tomado objetivamente] da filosofia wolffiana, que é apenas formal e não diz respeito à distinção entre sonho e vigília, a qual tampouco pode ser considerada na filosofia transcendental. Além disso, ele chama minha dedução das categorias e a tábua dos princípios do entendimento "princípios comumente conhecidos de lógica e ontologia, expressos à maneira idealista". Quanto a isso, basta ao leitor examinar estes *Prolegômenos* para convencer-se de que dificilmente se poderia enunciar um juízo mais deplorável e mesmo do ponto de vista histórico mais incorreto que esse.

ser derivada e a posse de critérios seguros para distinguir entre a ilusão dialética da razão pura e a verdade. Supõe-se que o resenhista deva possuir a chave de tudo isso, pois, de outro modo, jamais teria falado com uma inflexão tão superior.

Mas chego a suspeitar que talvez nunca lhe tenha passado pela cabeça que a ciência necessite de tais coisas, pois, de outro modo, teria dirigido sua resenha para esse ponto, e, em uma questão tão importante, mesmo uma tentativa fracassada teria granjeado seu respeito. Se assim for, então somos de novo bons amigos. Que mergulhe tão profundamente quanto lhe aprouver em sua metafísica, ninguém irá impedi-lo, só que não poderá emitir juízos sobre aquilo que está fora da metafísica: a fonte desta, localizada na razão. Que minha suspeita não é infundada, porém, prova-se pelo fato de que ele não disse uma só palavra sobre a possibilidade da cognição sintética *a priori*, que era propriamente o problema de cuja solução depende inteiramente o destino da metafísica, e para o qual minha Crítica (assim como estes meus Prolegômenos) estava toda ela dirigida. O idealismo que ele encontrou e ao qual se manteve agarrado só foi introduzido no sistema como o único meio de resolver esse problema (embora também tenha obtido sua confirmação por outras razões); e então teria de ter mostrado ou que esse problema não tem a importância que eu (também agora nos Prolegômenos) lhe atribuo, ou que ele não pode absolutamente ser resolvido por meio de meu conceito de aparecimentos, ou poderia ser mais bem resolvido de outra maneira; mas sobre isso não encontro uma só palavra na resenha. O crítico, portanto, não entendeu nada de meu trabalho e talvez nada também do espírito e da essência da própria metafísica, a menos que, como prefiro assumir, a pressa do resenhista, irritado pela dificuldade de abrir seu caminho através de tantos obstáculos, tenha lançado uma sombra desfavorável sobre o trabalho que tinha diante de si, tornando irreconhecíveis seus traços fundamentais.

Ainda falta muito para que uma gazeta erudita, por mais bem escolhidos e cuidadosamente selecionados que sejam seus colaboradores, possa firmar, no campo da metafísica, sua reputação, de resto bem merecida em outras áreas. Outras ciências e áreas de conhecimento têm, porém, seus próprios padrões. A matemática tem seu padrão em si mesma, a história e a teologia em livros seculares ou sagrados, a ciência natural e a medicina na matemática e na experiência, a jurisprudência em compêndios de legislação, e mesmo as questões de gosto nos modelos da Antiguidade. Só que, para julgar isso que se chama metafísica, é preciso, primeiro, encontrar seu padrão (fiz uma tentativa de determiná-lo, juntamente com seu uso). Que fazer, até que este seja descoberto, quando se tiver de julgar obras desse gênero? Se elas forem do tipo dogmático, pode-se fazer como quiser, ninguém irá por muito tempo pôr-se aqui no papel de mestre dos demais sem encontrar um outro que lhe dê o troco. Mas se forem do tipo crítico, não, com efeito, em relação a outros escritos, mas à própria razão, de modo que o padrão de julgamento não pode ser assumido, mas deve primeiramente ser buscado, então, embora objeções e censuras não estejam proibidas, devem basear-se na leniência, dado que a necessidade é comum a todos e a falta do necessário discernimento torna inapropriados os ares de decisão judicial.

Mas, para ligar ao mesmo tempo esta minha defesa ao interesse da comunidade filosófica, proponho um teste que é decisivo quanto à maneira pela qual toda investigação metafísica deve ser dirigida para seu fim comum. Isto não é mais do que faziam os matemáticos outrora para decidir uma disputa sobre a superioridade de seus métodos, a saber, um desafio lançado a meu crítico para que prove, à sua maneira, alguma [proposição] que sustente como verdadeiramente metafísica, isto é, sintética e conhecida *a priori* a partir de conceitos, se preciso, até mesmo uma das mais indispensáveis, como o princípio da permanência da substância ou da determinação necessária dos eventos no mundo por suas causas, mas que a prove, como é apropriado, a partir de bases *a priori*. Se não o puder fazer (e o silêncio vale como uma confissão), então deve admitir que, como a metafísica não é absolutamente nada sem a certeza apodítica de tais proposições, sua possibilidade ou impossibilidade deveria, antes de tudo, ser estabelecida em uma crítica da razão pura; e com isso ele está obrigado ou a admitir que meus princípios da crítica são corretos, ou a provar sua invalidade. Mas como já prevejo que, por mais despreocupadamente que tenha até agora confiado na certeza de seus princípios, ele não encontrará, no caso de um teste rigoroso, um único princípio em toda a metafísica com o qual ouse se apresentar, eu lhe concederei, portanto, os termos mais favoráveis que jamais podem ser esperados em uma competição, a saber, retirarei dele o *onus probandi* e o transferirei para mim.

Assim, ele encontra nestes Prolegômenos e na minha Crítica, p. 426-61 [A 426-61/B 454-89], oito proposições que sempre conflitam duas a duas, embora cada uma delas pertença necessariamente à metafísica e deve, portanto, ser aceita ou refutada por esta (por mais que não haja uma única dentre elas que não tenha, em seu tempo, sido aceita por um ou outro filósofo). Ele tem agora a liberdade de escolher à vontade qualquer uma dessas oito proposições e assumi-la sem prova, o que eu lhe concedo; mas apenas uma (pois a perda de tempo não lhe será mais útil que a mim), e então atacar minha prova da tese oposta. Se eu, contudo, puder resgatá-la e assim mostrar que, segundo princípios que todo metafísico dogmático deve necessariamente reconhecer, o oposto da proposição que ele adotou pode ser provado de forma igualmente clara, então se estabelece com isso que há, na metafísica, um defeito crônico que não pode ser explicado nem muito menos removido sem ascender até seu lugar de nascimento, a própria razão pura; e então minha Crítica deve ou ser aceita ou ser trocada por uma melhor, e, portanto, deve ser ao menos estudada; que é a única coisa que peço por ora. Se, ao contrário, eu não puder resgatar minha prova, então uma proposição sintética *a priori* terá sido estabelecida a partir de princípios dogmáticos por parte de meu oponente, e minha acusação contra a metafísica ordinária terá sido, pois, injusta, e me disponho a aceitar como legítima sua censura a minha Crítica (embora esteja longe de ser este o provável resultado). Mas para isso seria necessário, parece-me, *emergir do anonimato*, dado que, de outro modo, não vejo como garantir que eu, em vez de *um* problema, não me veja honrado ou assaltado por vários deles, por parte de oponentes desconhecidos e não autorizados.

Proposta para uma investigação da Crítica
à qual o juízo pode seguir-se

Sou grato ao público erudito pelo silêncio com que honrou minha Crítica por tanto tempo, pois isso, afinal, demonstra uma suspensão de juízo e, com isso, alguma presunção de que, em uma obra que abandona todos os caminhos usuais e toma um novo onde não é possível se localizar de imediato, talvez haja alguma coisa por meio da qual um importante mas agora moribundo ramo do conhecimento humano poderia receber nova vida e fertilidade, e também um cuidado para não quebrar e destruir o enxerto ainda recente por um juízo precipitado. Só há pouco chegou a meus olhos, na *Gothaische gelehrte Zeitung*, uma amostra de um juízo protelado por essas razões, cuja solidez todo leitor (sem levar em conta meu elogio suspeito) perceberá por si mesmo pela clara e autêntica apresentação de uma passagem correspondente aos primeiros princípios de meu trabalho.

E agora proponho, visto que é impossível julgar instantaneamente um grande edifício em seu todo por meio de uma avaliação rápida, que ele seja examinado peça por peça a partir de seus fundamentos, e que, para isso, os presentes Prolegômenos sejam usados como uma sinopse geral com a qual o próprio livro possa ser ocasionalmente comparado. Essa sugestão, se não fosse baseada em nada mais que na pretensão de importância que a vaidade com frequência atribui a todas as produções próprias, seria imodesta e mereceria ser rejeitada com indignação. Mas agora a situação dos assuntos de toda a filosofia especulativa é tal que eles estão à beira da total extinção, embora a razão humana a eles se prenda com uma afeição que jamais se extingue, e que, apenas porque foi constantemente traída, busca agora, mesmo em vão, transformar-se em indiferença.

Em nossa época reflexiva, não é de esperar que muitos homens de mérito deixassem escapar as boas oportunidades de trabalharem juntos em direção ao interesse comum de uma razão cada vez mais esclarecida, se ao menos surgir alguma esperança de que esse objetivo seja assim atingido. A matemática, a ciência natural, o direito, as artes, mesmo a moral, etc., não preenchem completamente a alma; sempre resta nela ainda um espaço que é demarcado para a mera razão pura e especulativa, e seu vazio nos impele a buscar, em extravagâncias ou futilidades, ou então em devaneios místicos, aquilo que parece ser ocupação e sustento, mas é, no fundo, apenas distração para abafar o importuno chamado da razão, que, como convém à sua vocação, exige algo que a satisfaça por si mesma, e não somente a ponha em ação a serviço de outros propósitos ou para o interesse de inclinações. Portanto, uma consideração voltada apenas para essa área em que a razão existe para si mesma — exatamente porque todos os outros conhecimentos e até mesmo fins aí devem, como tenho razão para supor, se juntar e se unir em um todo — exerce um grande fascínio sobre todo aquele que alguma vez tentou alargar assim suas noções, e, posso até dizer, um fascínio maior que o de qualquer outro saber teórico, pelo qual este não se trocaria facilmente.

Mas proponho estes Prolegômenos como plano e guia para a investigação e não como o próprio trabalho, porque, com respeito a este último, embora ainda agora esteja bastante satisfeito quanto ao conteúdo, ordem, método e cuidado que se tomou em ponderar e pôr à prova acuradamente cada proposição antes de propô-la (pois foram necessários anos para que eu ficasse completamente satisfeito não só com o todo, mas também, às vezes, com uma única proposição em relação a suas fontes), não estou completamente satisfeito com minha apresentação em algumas seções da Doutrina dos Elementos, por exemplo, a dedução dos conceitos do entendimento ou aquela sobre os paralogismos da razão pura, porque neles uma certa prolixidade obstrui a clareza, e, em seu lugar, pode-se tomar, como base para o exame, o que os Prolegômenos aqui dizem com respeito a essas seções.

Louva-se aos alemães o fato de serem capazes de levar as coisas mais longe que outros povos em assuntos que exigem perseverança e constante aplicação. Se essa opinião for bem-fundada, apresenta-se agora uma oportunidade de levar a cabo uma empreitada cujo feliz resultado dificilmente se porá em dúvida, e na qual todos os seres humanos pensantes têm igual interesse, embora até agora não tenha sido bem-sucedida, e de confirmar a opinião favorável mencionada acima; especialmente porque a ciência de que se trata aqui é de um tipo tão peculiar que pode ser levada de uma só vez à sua plena completude e àquele *estado permanente* em que não pode avançar um mínimo que seja, nem ser aumentada ou sequer alterada por uma descoberta posterior (nisto não incluo o polimento obtido ocasionalmente por uma maior clareza ou pela utilidade agregada com vistas a uma variedade de fins): uma vantagem que nenhuma outra ciência tem ou pode ter, porque nenhuma diz respeito a uma faculdade cognitiva tão completamente isolada, independente de outras, e sem mistura com estas. E o momento presente não parece desfavorável a essa minha expectativa, dado que quase não se sabe, na Alemanha, com que alguém poderia se ocupar fora das chamadas ciências úteis, de tal modo que isso não seja um simples jogo, mas também uma atividade pela qual se alcança um fim duradouro.

Devo deixar a outros a tarefa de inventar os meios que permitam unir os esforços dos eruditos em direção a esse fim. Nesse meio-tempo, não é minha intenção esperar de alguém uma simples adesão a minhas teses, nem mesmo adular-me com a esperança disso; mas, seja o que for que contribua para isso: ataques, revisões e limitações, ou mesmo confirmação, complementação e extensão, se ao menos o assunto for investigado a partir de seus fundamentos, então não pode deixar de ocorrer que venha a surgir daí um sistema, ainda que não seja o meu, capaz de se tornar um legado para a posteridade e pelo qual ela terá razão de ficar agradecida.

Que tipo de metafísica, uma vez que os princípios da Crítica tenham sido corretamente apreendidos, poder-se-ia esperar em consequência disso, e por que, mesmo após sua falsa plumagem ter sido arrancada, ela não precisaria de modo algum aparecer como miserável e reduzida a uma figura diminuta, mas poderia surgir rica e respeitavelmente provida em outros aspectos, tudo isso seria demasiado longo para ser mostrado aqui; mas outros grandes benefícios que essa reforma traria consigo seriam visíveis de imediato. A metafísica ordinária já produziu benefícios, com efeito, ao ir ao encalço dos conceitos elementares do entendimento puro para esclarecê-los por meio da análise e determiná-los por meio da explicação. Nesse sentido, ela foi um cultivo da razão, seja para onde for que esta mais tarde escolhesse se dirigir. Mas este foi todo o bem que ela produziu. Pois ela desfez esse mérito novamente ao promover a presunção mediante asserções temerárias, a sofística por sutis evasivas e dissimulação, e a superficialidade pela facilidade com que sobrepujou os mais difíceis problemas com um pouco de sabedoria escolástica; uma superficialidade que é tão mais tentadora quanto mais dispõe da opção, de um lado, de tomar emprestado algo da linguagem da ciência e, de outro, da linguagem popular, sendo, assim, tudo para todo mundo, sem ser de fato absolutamente nada. Por sua vez, mediante a crítica, se oferece a nosso juízo um padrão pelo qual o conhecimento pode ser distinguido com certeza do pseudoconhecimento; e, ao ser posta plenamente em jogo na metafísica, a crítica estabelece uma maneira de pensar que estende em seguida sua saudável influência a todo outro uso da razão e instila, pela primeira vez, o verdadeiro espírito filosófico. Mas tampouco se pode desprezar o serviço que ela presta à teologia ao torná-la independente do juízo da especulação dogmática, garantindo-a completamente, desse modo, contra todos os ataques desses oponentes. Pois a metafísica ordinária, embora lhe prometesse grande auxílio, não conseguiu posteriormente cumprir essa promessa e, além disso, ao chamar em seu auxílio o dogmatismo especulativo, não fez mais que armar inimigos contra si mesma. O fanatismo, que não pode fazer progressos em uma era esclarecida a menos que se abrigue atrás de uma metafísica escolástica, sob cuja proteção ele pode, por assim dizer, aventurar-se a delirar racionalmente, será expulso pela filosofia crítica desse seu último esconderijo; e, acima de tudo, não pode deixar de ser importante para um professor de metafísica ser capaz de dizer, com assentimento universal, que, agora, o que propõe é enfim uma ciência, e que, por meio dela, um benefício genuíno é proporcionado à coisa pública.

ESTE LIVRO FOI COMPOSTO EM CENTAUR MT PRO
11,8 POR 14 E IMPRESSO SOBRE PAPEL OFF-SET 90 g/m^2
NAS OFICINAS DA RETTEC ARTES GRÁFICAS E EDITORA,
SÃO PAULO — SP, EM OUTUBRO DE 2021